本书列入山西财经大学理论经济学文库，由山西省"1331工程"
省教育厅科技创新计划项目"信息不完全背景下新生代农民工通过议价所实现的均衡工资及
其影响研究"（编号2019W080）、山西省科技厅软科学项目"山西城镇化建设背景下非农就
业转移阶层的代际流动性研究"（编号2018041073-4）、中国社会科学基金项目"东北地区
'旱改水'机理和农业支持政策创新研究"（编号17CJY33）、国家自然科学基金项目"农户
参与农业利贫价值链的生计资产门槛研究"（编号71803106）、山西省高等学校教学改革创新
项目"教考分离模式下高校教学范式改革与实践研究"(编号J2018103)的共同资助，为以上项
目的研究成果。

教育、社会流动与婚姻市场

王录安　著

民主与建设出版社

·北京·

图书在版编目（CIP）数据

教育、社会流动与婚姻市场 / 王录安著. —北京：民主与建设出版社，2021.8

ISBN 978-7-5139-3671-2

Ⅰ.①教… Ⅱ.①王… Ⅲ.①教育改革—研究—中国 ②社会流动—研究—中国 ③婚姻问题—研究—中国 Ⅳ.①G521 ②C912.8 ③D669.1

中国版本图书馆 CIP 数据核字（2021）第 149063 号

教育、社会流动与婚姻市场

著　　者　王录安
责任编辑　李保华
封面设计　丁　岩
出版发行　民主与建设出版社有限责任公司
电　　话　（010）59417747　59419778
社　　址　北京市海淀区西三环中路 10 号望海楼 E 座 7 层
邮　　编　100142
印　　刷　三河市明华印务有限公司
版　　次　2021 年 8 月第 1 版
印　　次　2022 年 2 月第 1 次印刷
开　　本　710 毫米 ×1000 毫米　　1/16
印　　张　13.25
字　　数　190 千字
书　　号　ISBN 978-7-5139-3671-2
定　　价　58.00 元

注：如有印、装质量问题，请与出版社联系。

序　言

近年来，我国的教育事业发展迅速，不管是在招生规模还是在资金投入上，都有了历史性的突破。然而，城乡教育差距巨大仍然是我国教育中一个不可忽视的问题，尤其是在教育改革以后，农村学员受教育的机会还有较大的提升空间。而教育是社会流动性变化的最主要影响因素，不管是代内还是代际之间的社会流动性，教育都扮演着重要角色，是个体社会流动性变化的动力。教育和社会流动性又共同影响着婚姻市场：随着人们受教育水平的提高，受教育的年限不断增加，人们的初婚年龄不断上升；随着经济的发展，我国社会流动性快速上升，受到教育投入增加、独生子女政策实施、妇女社会地位提升等的影响，女性向上的社会流动性明显较快，在"男低配、女高配"的传统婚姻心理影响下，高层次的女性选择范围锐减，成为"剩女"，低层次的男性无人可选，成为"剩男"。因此可以说，教育、社会流动与婚姻市场的相关变化是统一的，可以归纳在一个体系里进行研究。

本书主要使用 CGSS 数据库，通过 Probit 模型、Logit 模型、工具变量回归方法和断点回归方法，研究发现：（1）我国各阶段教育事业取得了突飞猛进的发展，发展形势良好。（2）新时期的教育改革不利于农村子弟发展，存在一定的城乡教育差异。（3）我国社会流动性正在经历快速上升阶段，社会流动性整体上升趋势明显。（4）城乡差距较大。农村居民社会地位较低，社会流动性更大一些；城市居民社会地位较高，社会流动性较小一些。（5）性别差异突出。女性社会地位较低，社会流动性更快；男性社会地位较高，社会流动性较慢。（6）社会流动性提高不利于女性的婚姻，有利于男性的婚姻。（7）社会流动性上升显著提升了人们初婚的年龄，但"剩女"现象不如想象的严重。

本书的创新之处主要在于：（1）从现代教育改革的视角解析寒门还能否再出贵子。随着经济的发展和国家教育投入的增加，国民受教育水平总体提高较快，然而受限于我国的城乡二元结构发展模式，农村学员在接受高等教育方面，并未获得公平的受教育机会，他们进入优质大学的门槛越来越高，"寒门贵子"离农村生源已经渐行渐远。（2）使用不同时期数据估计各个阶段的职业社会流动性。社会流动性变化是一个动态的过程，主要受到教育水平、家庭背景和国家政策的影响，因此在各个时期有一定的差异。本书将结合我国宏观政策背景，分不同时期测算城乡之间和男女之间的职业代际流动性差异。在1997年市场经济深化改革以前，我国经济中仍然包含较重的计划经济成分，人们的住房、工资、福利等都与职业有重要关系，不过现有研究中更多地关注于收入的代际流动，没有区分职业代际流动性的不同时间段进行研究。本书将区分不同时期、不同户籍、不同性别之间的代际职业流动性差异，进行综合分析，力求全面综合探究我国社会流动性的变化。（3）从新的视角解释男女平等的原因：女性劳动力资本的上升。"剩男剩女"问题是近年来在社会上兴起的热点话题，也是困扰适龄未婚男女的重要问题，对其原因的探究较多，但进行实证分析的文献较少。以往研究很多都发现"剩女"问题是由于女性不愿结婚造成的，进一步的分析很少见；对"剩男"问题的研究也多止步于贫穷和贫富差距。本书将"剩男剩女"的研究统一到了社会流动性在各个时期变化的结果上，给出了"剩男剩女"问题的一种新解释。

目　录

第一章　引言

1.1 研究背景及意义

1.1.1 研究背景

1. 教育不公平增加,社会流动性上升提高的动力不足

迄今为止,我国国民受教育水平已经有了长足的进步。经过多年来的发展,尤其是 1999 年《面向 21 世纪教育振兴行动计划》实施以来,我国高校招生规模不断扩大,截至 2015 年底,普通本科招生人数达到了创纪录的 389.42 万人,普通专科招生人数也达到了 348.43 万人,而当年的普通高中的招生规模为 796.61 万人,以此计算,现阶段我国高中生中 92.62%的学生将有机会进入大学学习。从教育投入来看,我国不断提高教育经费财政拨款水平,2015 年我国教育经费总投入为 36129.19 亿元,同比增长了 10.13%。其中,财政性教育经费为 29221.45 亿元,比上年的 26420.58 亿元增长 10.60%。全国公共财政教育支出占公共财政支出的 14.70%,国家财政性教育经费占国内生产总值比例为 4.26%,比上年的 4.10% 增长了 0.16 个百分点[①],实现了全国公共财政教育支出、各级教育公共财政预算

---

① 数据来源:教育部网站,http://www.moe.edu.cn/srcsite/A05/s3040/201611/t20161110_288422.html.

教育事业费支出、各级教育公共财政预算公用经费支出同时增长的有利局面，为教育事业的发展提供了有力保障。从国家层面讲，迅速发展的教育事业提高了国民综合素质，为国家建设提供了高素养的劳动力，有助于缓解国民的就业压力，可以有效解决劳动力市场的供需矛盾，有利于国民经济的发展和国家的长治久安。从个人层面看，受教育水平是人力资本价值的主要体现，可以大大提高个人的人力资本水平（Becker，1966），为其未来发展提供较好的发展平台，在职业流动性向上提升的过程中提供有力的帮助，同时也有利于社会流动性的整体提升。

我国的教育发展欣欣向荣，教育不公平现象却依然很严峻。教育公平是国家对教育资源进行合理配置的规范或原则，主要是要公平地配置教育资源，使其符合社会发展的整体要求、符合社会成员发展的方向，为民众接受良好的教育提供一个公正的平台。教育公平是实现社会公平的"伟大工具"，是一种能够为大多数人提供同等机会和优质服务的教育，因此教育公平受到国内外各大思想家的支持，古希腊思想家柏拉图最早提出教育公平的思想，中国教育家孔子也提出了"有教无类"的朴素民主教育理念。我国在新中国成立以后的《共同纲领》中，就明确提出了"民族的、科学的、大众的"教育方针，体现了新中国重视社会公平、教育公平的价值理念。教育公平主要体现在平等的受教育权利和义务、平等的受教育机会和条件、平等的教育成功机会和教育效果等三个方面，即起点公平、过程公平和结果公平。近年来，尤其是改革开放以来，我国一直把实现教育公平作为教育改革的重要目标，1986 年 4 月第六届四中全会通过的《中华人民共和国教育法》和 2006 年 6 月修订通过的《义务教育法》，从法律层面为公民接受公平教育提供了保障。

然而，出于种种原因，我国的教育公平却并没有很好地实现。第一，教育发展与我国经济发展策略一脉相承。改革开放初期，东部沿海地区获得了更多的政策支持，实现了"让一部分人先富起来"的改革目标，而中西部地区则由于地处内陆，交通条件和基础设施等不利因素，成为"后富起来"的地区，造成了东部地区经济发展长期快于中西部地区的局面，当东部地区已经有条件进行教育水平的改善时，中西部地区仍然将主要精力放在发展经济上，使得中西部地区的教育水平滞后于东部地区；以2013年为例，北京、上海、江苏、浙江、广东五个经济发达省、市的教育经费投入为1054.43亿元，高于安徽、河北、河南、湖北、湖南等经济一般条件省份教育投入的799.19亿元，更是远远高于西藏、甘肃、青海、贵州、云南等中西部经济落后地区的366.81亿元[1]，地区之间教育经费投入差距巨大，是教育发展差距较大的重要原因。第二，城乡教育公平缺失。在21世纪初，占全国人口65%以上的农村地区，教育经费只有23%左右[2]，而人口较少的城市却获得了国家绝大部分的公共教育支出。不要说接受良好的基础教育，很多农村地区的适龄儿童都没有条件走进校门，农村地区，尤其是中西部偏远的山区，基础设施、师资条件等都很差，基本的课程都很难开起来，而同时代的城市地区，教育设施不断更新换代、教师力量日益充实、各种各样的辅导班和兴趣班应有尽有。这种城乡教育差距不仅发生在东部地区，也发生在中西部地区，巨大的差距挫伤了农村适龄儿童接受教育的积极性，拉低了农村居民的总体素质，也造成了我国长期的城乡差异。第三，教育机制设计的不公平。我国有就近入学的规定，这看起来

---

[1] 数据来源：http://biyelunwen.yjbys.com/fanwen/jingjiguanli/437623.html.

[2] 数据来源：http://baike.baidu.com/link?url=NK5Fzng6JRVSAhii5cj17N1rAvOYwf
b4PUVWCNd8UBEVLY4a-haluVlXvxNZnKvOKYiZj2mKKuzPL4R1MPgUG9QiHjGE56wgOGrRuk
JxUDo-PrnKe9w-NsGFZIiPhivF.

解决了择校的不公平问题，可是却使得贫困地区尤其是农村地区的学生失去了进入优质学校的机会，在存在教育资源配置差异的情况下，这一措施将带来教育机会的不平等；在高考录取中，各省内部是择优录取的，不过重点高校一般需要分配给各个省名额，而在名额分配中往往存在地区和城市差异，这就使得人口大省，如河南、山东等地考生进入名校的学生比例相对较少，影响了部分地区学生的积极性。此外，性别差异、家庭差异、观念差异等都是造成我国教育不公平的客观原因。

教育是人力资本的重要体现，会显著影响个人的发展，是代际收入传递最重要的影响因素（杨娟等，2015）。在代际内，教育使得社会收入不平等扩大了 25%；在代际间，教育可以有效解释人们收入不平等的 50%。家庭的教育投入是子女人力资本积累和收入的最重要影响因素。

2. 贫富差距扩大，动摇了社会流动性的基础

从各个维度来看，我国贫富差距都比较大。2012 年，城镇居民人均可支配收入为 24564.7 元，农村居民人均可支配收入为 7916.6 元，城镇居民可支配收入是农村居民可支配收入的 3.1 倍，城乡收入差距十分明显。在城市，处于城镇居民最低 10% 收入户的人均可支配收入是 9209.5 元，处于城镇居民最高 10% 收入户的人均可支配收入是 69877.3 元，最高 10% 收入户收入是最贫穷 10% 城镇居民人均收入的 7.59 倍，内部差距较大。在农村，纯收入在 2000 元及以下的户数占 5.6%，纯收入在 20000 元及以上的户数占 6%，农村地区的贫富分化近年来也成为一个重要问题[①]；不过，农村居民家庭恩格尔系数是 39.3，一直处于缩小的趋势。除了收入差距较大以外，我国财产差距同样惊人。北京大学中国社会科学调查中心发布的

[①] 2013 年之前农村居民收支数据来源于独立开展的农村住户抽样调查。

《中国民生发展报告 2014》显示，由于受到工作、受教育程度等因素的影响，体制内工作的家庭财产水平明显高于体制外工作的家庭，其增幅也更高，而且中等收入家庭的财产增长幅度明显更大，低收入家庭财产增长速度较为缓慢，2012 年我国家庭净财产的基尼系数高达 0.73[①]，财产不平等程度呈现显著的上升态势，明显高于收入水平的不平等水平。

我国的收入差距加大不再只是过去所说的"穷人太穷"，还出现了"富人太富"的现象。如果以 10 亿美元为基准，2005 年我国达到这一标准的还不到 10 人，2016 年已经超过 400 人，福布斯中国 400 人富豪榜的财富合计达到了 9470 亿美元，占当年中国 GDP 总量的 9.12%，而在 2010 年，福布斯中国 400 人富豪榜的财富还只占中国当年 GDP 的 7.14%。如果剔除自住房产以千万作为基准，胡润研究院报告显示，我国符合这一条件的达到了 134 万人，占我国人口总数的 1%，其财富总量大约有 37 万亿元，约占我国财富总量的 30%；北京大学《中国民生发展报告 2015》也显示，我国顶端 1% 的家庭占有全国超过 30% 的财产，低端 25% 的家庭拥有全国仅为 1% 左右的财产[②]。正是这两个 1% 充分显示了我国财富分布不均的极端状况。

贫富分化原因探究。我国的贫富差距是由计划经济向市场经济转变的必然结果，在以前的计划经济体制下，比较强调平均主义，人们干多干少一个样、干好干坏一个样，使得劳动积极性得不到提高，社会工作效率低下；进入市场经济以后，更加强调按劳分配，更加体现了资本和技术的价值，不仅实现了生产效率的提高，也有效改善了人们的生活水平，为国民经济注入了活力。只是在市场经济初期，我国市场体系还不健全，市场规则也不够完善，这些体制因素是造成贫富差距的重要原因。此外，政府对经济

---

① 数据来源：http://gongyi.qq.com/a/20150209/017361.htm.

② 数据来源：http://club.kdnet.net/dispbbs.asp?id=12107989&boardid=1.

运行的干预还较多，我国的资源行业大多呈现垄断局面，很多行业的竞争优势没有发挥出来，造成垄断行业的员工，尤其是高管收入偏高，还有一些人依靠权力等资源优势得到了优先发展的机会，富裕程度在短期内迅速提升，被权力边缘化的群众则很难得到较好的发展机会，经济条件持续恶化，加剧了我国的贫富差距。

贫富差距过大引起我国的社会流动性减弱，民众幸福感下降。现在，"富二代""官二代""穷二代"等已经成为大家所熟知的词语，这些"二代"现象背后就是我国的社会流动性问题，阶层固化、社会流动性上升的动力不足、人们获取社会资源机会的不平等等既是我国贫富差距拉大的原因，也动摇了我国社会流动性提高的基础，因此贫富差距增加与社会流动性动力不足之间既存在内在的因果关系，往往也反映在相同的层面。那么二者的关系究竟是怎样的呢？本书将在第四章和第五章给出数理分析和实证解释。

3. 社会流动性变化引起了新的问题：剩男剩女

我国正在经历第四次单身潮。根据民政部统计资料显示，截至 2015 年底，中国单身男女已经达到 2 亿，独居人口已经从 1990 年的 6% 上升到 14.6%，第四次单身潮缓缓拉开了序幕。在对这次单身潮解析之前，我们先看一下前三次单身潮。1932 年，国民政府颁布了废妾制度，正式在中国确立了一夫一妻制的现代婚姻模式，只是在之后的动荡年代，这一制度的实施并不能令人满意。新中国成立以后，为了更好地肃清妻妾制度的毒瘤，也为了重新分配从封建势力和国民党手里取得的土地资源，我国于 1950 年颁布了《中华人民共和国婚姻法》，之后人们的婚姻观念发生了很大变化，以废旧立新为"正当理由"的离婚在新中国的土地上浩浩荡荡地展开了，于是封建的、资产阶级的婚姻观迅速被新型社会主义的、无产阶级的婚姻观取代；在这种思想和相应宣传的引导下，传统的婚姻观念开始改变，还被视为"封建思想残余对人们思想的束缚"，因此广大妇女将离婚视为"解放"，离婚现象在社会上普遍存在。直到20世纪50年代后期，法院强调"如果夫妻双方没有大的冲突或者其中一方有重大缺陷"时，不支持离婚，这场离婚热潮才草草收场，第一次单身潮结束。20世纪70年代末，大批上山下乡的知识青年陆续返城，城市里迅速聚集起大量男女青年，第二次单身潮悄然开始；不过由于男女性别差异，很多男知青在农村能够接受当地女性，已经成家结婚，而女知青很难接受当地男青年，返城时还是单身，于是在适婚的城市男女青年中，形成了"总体均衡、略微女多男少"的局面。90年代前后，人们受到改革开放的影响，传统家庭观念受到冲击，更加追求自由、快乐的思想，尤其是在男女青年中，思想、行为与以前相比有了更大的自由空间，想法也更加开放，在1980年《婚姻法》修改以后，人们对感情质量更加看重，不愿在婚姻中"凑合"，社会上也普遍将"感情破裂"这种难以量化的指标作为离婚的理由，离婚人口骤然增加，单身男女作为一个独立群体出现在城市，是第三次单身潮的标志性印记。近年来，我国经济发展迅速，国民收入水平明显提高，与此同时第四次单身潮也来临了。这次单身潮的特点是什么，影响究竟怎样呢？下面我们将进行分析。

在城市剩女问题突出，在农村剩男问题明显。随着我国经济的发展，城市化进程加快，越来越多的人定居城市或在城市工作，工作的时间越长、经验越多，工资、待遇也会越高。在经济条件改善的情况下，男性往往更倾向于选择年龄较小的女生，再加上男大女小是一种普遍的婚配模式，所以可以被社会接受，这也是城市里很少说"剩男"的原因，大龄男青年往往可以有更大的选择空间和范围。而女性则不同，随着年龄的增长，个人魅力一般会逐渐减弱，如果还没有固定的伴侣或结婚对象，她们将很难找到年龄比自己小的伴侣，再加上与自己同龄或年龄较大的男性往往已经结婚，造成她们找到合适伴侣的可能性进一步降低，出现大量剩女，这种现象在大城市更明显。农村的情况却与此相反，由于城市或沿海地区有更多的工作机会，大部分农村男女青年会选择外出务工，女青年更容易在城市找到工作留下来或通过结婚留下来；而农村男青年受教育程度不高、经济条件很难和城市青年相比，在城市无法找到合适的伴侣，当他们回到农村时，在农村选择的范围越来越小，因此大量农村男青年只能剩下，越贫困的地区"剩男"越多，这一现象也越明显。

"剩男"是真，"剩女"是假。在我国看似有"剩男"和"剩女"两个问题，其实"剩女"并不是真正的问题。首先，从人口总量上来看，2015 年男性人口是 7.04 亿人，女性人口是 6.70 亿人，男性比女性多 3366 万人口，在一夫一妻制度下，最后剩下的更应该是男性。其次，"剩女"多出现在城市，她们往往有稳定的职业和独立的经济基础，可以很好地供给自己优越的生活，她们之所以未婚不是因为没有男性可以结婚，而是因为她们有比较高的择偶标准，很少有符合其要求的结婚伴侣，在现代思潮的影响下，她们宁愿不结婚也不会草草结婚，因此可以说"剩女"不是不可以结婚，只是主动选择了不结婚。"剩男"则又是另一个问题，并且这一问题还比较严重。大多数"剩男"集中在低收入群体，他们的收入水平连自己的生活需求都很难满足，更是无法承担娶妻的费用和家庭的责任，而且因为贫困也很难得到女生的青睐。他们的剩下与"剩女"不同，是被动地剩下，是婚姻市场上需求无法得到满足的一个群体。

究其根源，"剩男剩女"问题是经济发展和社会流动性增强的一种结果。不管是古代封建社会还是改革开放以前，我国从本质上来看都属于农业社会，经济相对落后，社会流动性较低，大部分地区还过着男耕女织的传统生活，人们的生活范围比较窄、圈子比较小，往往以"说媒"等方式决定婚配，在小范围的圈子里可以形成有效的婚配模式，因此基本不存在所谓的"剩男剩女"问题，更不会形成一个"社会阶层"的规模。而改革开放以后，人们的收入水平快速增长，在现代科技水平日新月异的条件下，女性在工作中的地位日益提高，可以拥有相对独立的经济地位和自给自足的经济能力，不再是传统中在家相夫教子的"小脚女人"。而在社会流动性不够大的情况下，适婚男女既失去了以往"说媒"的婚配模式，也没有适当数量的异性供其选择，这就造成了"剩下"的结果。

1.1.2 研究意义

1. 理论意义

本书以人力资本理论、工资理论和经济增长理论为依据，以教育、社会职业流动和婚姻为研究对象，立足于探究我国教育公平等国家宏观政策对社会流动性的影响，希望在重新测量各时期社会流动性变化的基础上，找到解决"剩男剩女"等问题的办法。具体来看，本书的意义在于：

（1）为制定国家宏观政策提供建议。

本研究从我国社会流动性现状、教育公平、"剩男剩女"等热点问题出发，找出它们之间的联系，为国家宏观政策部门提供宏观发展方向和策略上的指导，为政策制定提供一定的理论依据，使得相应的国家政策可以有效解决相关的民生问题，从而符合我国宏观建设的需要，减少教育不公平、适婚年龄群体的不匹配问题，促进中国相关婚姻政策、教育政策的有效性和可实施性。

（2）为社会流动性研究提供理论支持。

本研究对社会流动性的代际职业流动、流动原因、流动影响等进行研究，有助于相关研究者和相关政策制定者从理论上系统地认识和评估我国的代际职业流动现状、问题及解决方法，促进相关职业发展的规划，降低职业流动的风险，实现我国各个行业在职业流动方面的有序进行，增强人们的职业发展意识和培训意识，为我国社会主义现代化建设提供助力。

（3）为我国职业规划和建设提供参考。

本书以职业流动的特点、原因、影响为理论逻辑，以现实社会中的"剩男剩女"问题、教育不公平问题为切入点，既剖析了我国各阶段的职业发展特点和趋势，也总结了其发展中遇到的问题和瓶颈；既要剖析代际职业流动需要遵循的理论基础，从理论上解释社会职业流动的动力和原因，也将从理论上构建新的发展范式，为我国职业发展提供新的支撑。

2. 实践意义

本书在了解各阶段社会流动性以后，将切实为教育公平问题等的解决提供实证依据，力图在城乡教育差别、性别差异等方面提供相应的政策建议，为改善我国的教育不平等问题、提高广大农村适龄儿童的受教育程度、改善落后地区的教育面貌等方面提供实证依据；同时，探究"剩男剩女"问题存在的原因和解决办法，努力找出合适的方式缓解社会中存在的"结婚难"问题。

（1）实际测算新中国成立以后各个阶段的社会流动性。

我国还处于社会主义初级阶段，各种制度、规则等还不够成熟，随着时代的变迁和政策法规的修订，人们的发展条件和努力方向正经历着重要的转变，而教育、家庭背景等一直是影响人们职业变化的重要因素，尤其是教育在人们职业的代内变化和代际传递中都发挥了关键作用，而且作用不断加强，那么在各个时期职业的代际流动性究竟是怎样的，其变化原因究竟是什么，这些都将是本书要解决的问题。

（2）从人力资本角度，分别测算城乡、不同性别的社会流动差异，找出影响社会职业流动的影响因素。

从 1958 年《中华人民共和国户口登记条例》颁布以来，我国逐渐形成了差异较大的城乡二元结构发展模式，城乡差异较大，而且受到户口限制，农民除了升学以外很难进行有效的职业流动，在新中国成立早期直到 20 世纪末，农村人口一直都被牢牢地束缚在土地上。本书不仅测算各阶段的社会流动性，还将详细分析城乡社会流动性的差异，在此基础上找出破解城乡二元结构的办法，为解决我国较大的城乡差异、贫富差异找到出路。

（3）检验职业流动性与教育不平等的关系。

我国拥有五千年的文化传承，历来重视青少年的教育问题，新中国成立以后更是出台了相应的法律法规规范教育问题。通过本书的研究，我们将为破解城乡教育差别提供现实依据，为现代教育的发展提供参考和借鉴，在解决教育不平等问题、教育无法满足社会职业需求问题、人力资本的供需矛盾等问题上具有重要的现实意义。与此同时，在我国现代教育规划、人力资本培养、国家人才建设等方面的调整与改进方面具有重要的战略意义。

（4）找出困扰我国"剩男剩女"现象的解决办法。

受到计划生育政策和传统"重男轻女"思想的影响，1978 年以后我国男女比例失调，截至 2015 年，男性人数比女性多出 3366 万，而且这一数字还有明显的增长趋势。与人口的男多女少不同，我国在婚姻市场上同时出现了"剩男"和"剩女"现象，男女婚配问题成为热门话题。本书在对社会流动性进行研究时发现，婚姻市场的不匹配与社会流动性有密切关系，受到社会流动性的影响。因此，本书不仅找到了婚姻市场不匹配的原因，还将为婚姻市场的良性发展提供合理的建议和支持，为改善"男愁婚、女愁嫁"问题提供依据，这些都将有利于社会的稳定和健康发展，为社会主义现代化建设提供帮助。

1.2 概念界定，研究目标与内容

1.2.1 概念界定

1. 社会流动性

社会流动性是指社会成员从一个阶层转到另一个阶层或从一种社会地位转到另一种社会地位的变化，有时也可以表示从一种职业向另一种职业转变的过程，本书研究的主要是职业变化。根据社会流动性的方向、原因等差异，社会流动性有三种划分方法。第一，垂直流动和水平流动的划分。垂直流动是指从下层的地位和职业往上层的地位和职业晋升的过程，或者相反；水平流动是指在同一社会阶层内或者相似职业内的横向流动。垂直流动一般地域不变，地位变化，水平流动往往伴随着地区间的流动。相对而言，垂直流动对社会的意义更大一些。在一定时期内，如果向上的社会流动频率大于向下的流动频率，一般表明社会在进步；反之，则说明社会在退步。这是因为在现实生活中，每个人都希望可以有向上的流动机会，以便自己可以获得更好的生活条件和社会地位，然而在一定时期内，由于各种条件的限制，社会并不能提供足够的机会让每一个人都有机会向上流动，只能是具有一定的人力资本或符合某些条件的人才能有向上流动的通道，向上流动越快说明社会人力资本越高、机会越多，社会进步则越快。水平流动可以在同一时期更好地分配和使用现有的人才资源、调动劳动者的工作积极性，有效优化人口的地区分布、促进产业的结构调整，有利于地区和群体之间的相互交流，打破相应的封闭状态，促进社会更快发展。本书就是以职业为划分标准，研究人们职业层次变化的流动，从而探究在不同年龄阶段的人社会流动性的变化及其原因，在此基础上解答其对适婚年龄阶段人口的影响。第二，代内流动和代际流动的划分。代内流动是个人职业、地位等在同代人中的水平或垂直流动。在经济、科技、教育都快速发展的今天，地区之间、职业之间的流动日益频繁，人们不会再受到地域和职业的束缚，而是努力找寻适合自己的工作，在这种情况下，经济发展较快地区的代内流动将日益加快。本书主要探索不同年龄阶段工作人员的代内社会流动性，同时也会分析父辈的工作、教育、入党情况等对子女的影响，即兼顾分析代际流动性的作用。代际流动是指父母的职业、社会地位、收入水平等对子女职业、社会地位、收入水平等的影响。影响越大说明父代在子代的工作、收入中的烙印越大，子代的付出、努力等个人因素在其一生中的作用越小，则代际流动性越差，在这种情况下人们努力工作的积极性会比较低，进而阻碍社会的发展；反之亦然。第三，自由流动和结构性流动的划分。自由流动是由个人原因引发的个体社会地位、职业等的相对流动，属于个人行为，一般不会对他人形成大的影响。结构性流动是由于自然环境或社会环境的变化而引起的社会上大面积的职业流动等，例如新中国成立以后工人阶级社会地位的上升、"文化大革命"中的上山下乡、现代社会中科技行业的兴起等，都属于典型的结构性社会流动，结构性社会流动的影响较大，会在短时间内改变社会已有的结构和人口分布情况，对社会造成较大的冲击。不过自由流动和结构性流动的界限并不明显，往往很难划分，有时候甚至是你中有我、我中有你；只是在具体表现上，自由流动更多地体现为个人行为，发生频率高，随意性大，方向性不够明显，即我们很难从个体流动看出社会变迁的性质和方向，结构性流动多发生在时代变革期，社会环境会发生大的改变，体现着社会方向的变化，我们一般可以从结构性流动中看到社会变迁的性质和方向。本书主要选取新中国成立以后、"文化大革命"时期和改革开放以后作为宏观研究背景，通过个人的自由流动来探究结构性流动的变化。

社会流动性变化的原因。影响社会流动性变化的原因较多，较大的影响因素有社会因素、人口因素和自然因素。第一，社会因素是最根本的原因。社会因素又包括社会价值观、社会变革和战争等。随着社会历史的变迁，人们的社会价值在某些时期会发生变化，人们的追求也会随之改变。例如，知识、地位、财富等历来都是被十分肯定的社会价值指标，是人们竞相追逐的对象，可是在某一时期像"文化大革命"等社会变革时期，会把知识看作一种反动的东西，倡导"知识无用"论，甚至知识分子还容易受到各种打击，在这样的社会价值观引导下，人们会避免走向知识分子阶层，从而改变已有的社会流动性。社会变革分为社会改革和社会革命。我国从封建社会走向新中国的过程是社会革命，表现为社会基础结构和性质的变化，1978年开始的改革开放则属于社会改革，是在不改变社会本质属性的前提下，调整现有的经济发展模式、社会结构基础，不过这些同样也会引起职业阶层、收入水平甚至社会不同阶级地位的变化，是典型的社会原因。第二，人口因素也是引起社会流动性变化的重要原因。从古至今人类的生存都是以资源为基础的，如果人口过少则无法有效开采资源，达不到有效利用资源的水平；如果人口过多，超过资源的承载能力，又会造成一定的破坏，不利于社会的长期发展。因此保持地区人口平衡十分重要，人类社会也会根据人口的变化，做出相应的调整，进而引起社会的水平流动，使得社会发展更加具有可持续性。第三，自然环境的变化。自然环境的变化一般会引起社会流动性在地域上的变化，是在洪水、地震等自然灾害下做出的生存选择，造成区域内人口的短期快速流动，也是社会流动性变化的一个重要原因。我们主要研究社会因素造成的社会流动性变化。

本书以社会流动性作为探究对象的原因。社会阶层在奴隶社会就已经存在，时至今日依然延续，只是在古代社会变化较小、研究较少，没有引起学术界的广泛关注，直到进入工业社会以后，工业企业劳动力需求加大，社会分工越来越细，人们的社会流动性与以往相比速度大大加快，于是从19世纪末，对社会流动性的研究开始进入科学领域，1927年索罗金的《社会流动》一书的发表，关于社会流动性的研究开始进入定量阶段；第二次世界大战以后，经济复苏，世界经济形势一片向好，社会流动速度也进一步提高，使得社会流动性的研究进入高潮。而我国关于社会流动性的研究则集中在21世纪初期，属于起步阶段，还有很大的研究空间。此外，社会流动性可以反映社会结构的变化，是社会变迁的有效衡量指标，通过对社会流动性的研究，可以有效探究社会的变迁，为社会的有序发展提供合适的政策建议，同时了解社会职业变化规律，引导社会职业发展，适应时代特点，为社会就业提供指导。

2. 人口转型

人口转型是指从人口大国向人口强国的转变，实现国民综合素质的提高和人力资本水平的提升。世界上主要发达国家在19世纪和20世纪就已经经历了人口转型时期，我国受限于经济发展水平和国民教育事业的发展落后，人口转型较晚一点。

现阶段我国的人口特征。第一，总体规模较大，增长率已经开始趋缓。截至2015年底，我国人口总规模达到了13.75亿人次，接近世界人口总数的20%，人口整体规模较大。不过我国计划生育政策实施以后，取得了显著效果，人口出生率呈现显著下降趋势，随着我国经济发展水平的提高，人们的生育意识逐渐发生转变，"少生优生"的宣传贯彻人心，使得出生率进一步降低，尤其是城市地区，甚至开始出现了人口负增长。第二，人口性别不平衡，男多女少。性别结构平衡是人口发展、社会稳定的基础，也是男女婚配得以实现的前提条件；我国现在男性人口比女性人口多出 3400 万，男性出生人口多于女性，在"男低配、女高配"思想的影响下，性别比例失衡进一步加剧了处于社会底层男性无法结婚的可能性，却对女性在婚配方面十分有利。第三，人口结构的老龄化特征。随着人口出生率的下降和人们预期寿命的增加，我国已经进入了老龄化社会，65 岁及以上人口规模已经达到 1.44 亿，在我国人口总数中的比重也达到了 10.47%，在可以预见的 30 年内，老龄化现象将进一步加剧，与此相伴随的劳动力老化、养老问题和劳动力减少将接踵而至。在老龄化过程中，社会流动性是怎样的，上一代的代际流动性怎样，青年一代能否顺利结婚？这些都是本书努力回答的问题。

我国的人口转型战略。在人口转型时期，应该着力协调好人口素质、人口数量和人口结构之间的关系，使得人口数量、素质和结构能够在一定程度上协调发展，因此以人为本、投资于人的发展战略，适合我国的现实情况。能够建立人才发展和物质财富增长的相关联系，为经济的长期发展做好准备，为人力资本提升打下基础。不管是国家发展还是经济增长，都受到多种因素制约，其中最重要的就是人力资源；国家的公共投资会有一定的侧重点，随着知识和技术的进步，人力资本的收益率将越来越高，国家投资于人的战略将取得长期效益。人才投资战略还有利于优化资源配置结构，转变经济增长方式和社会发展模式，实现社会溢价效应，能够有效促进知识、技术和管理的活力，为社会发展提供持久动力。更主要的，有利于让广大民众享受到综合国力提升的红利，提升人们的生活水平和个体能力，为人们社会流动性的提升打下基础。

3. 城乡二元结构

城乡二元结构是指在一定政策法规基础上或在历史传统发展中形成的城市经济和农村经济并存的发展模式，其中城市经济以社会化大生产为主，而农村经济以小农生产模式为主。具体到我国的城乡二元经济结构而言，城市以现代化的工业和服务业为主，获得了更多的国家支持和政策福利，科教文卫事业发展较快，集中了主要的高新技术人才和高层次人才，收入和消费水平也明显高于农村；而农村地区以小农经济为主，各个方面发展相对落后，尤其是基础设施还有待进一步发展。

1958年，国务院颁布了《中华人民共和国户口登记条例》，严格限制了城乡人口流动，标志着城乡二元结构模式正式形成。直到2014年7月《关于进一步推进户籍制度改革的意见》的颁布，废除了在中国实行了半个多世纪的"农业"和"非农业"户籍管理模式，在中国实行了50多年的城乡二元模式得以结束。但这一政策的影响却十分深远，要想破除其中的不利影响，还有很多工作要做。首先，应从相应配套制度着手，改革对农村和农业不利的因素，例如劳动力就业制度、城乡分割的教育、医疗、社保体制等，在户籍制度废除以后，应该尽早着手相关的政策配套改革，在新的制度中，充分保障农民利益。其次，从财政、金融等方面对农村给予支持，扩大农村基础设施和相应配套设施的建设，让农民获得更大实惠。最后，积极培育农村的现代化意识，从思想上消除城乡二元结构，实现农民思想的现代化。加强农村的基础教育建设，培育求知意识，为农村居民社会流动性的上升提供好的基础。

1.2.2 研究目标

本书的总体目标是通过测度新中国成立以后各阶段社会流动性的大小，深入考察居民代内流动性的变化机制，分析影响社会流动性变化的宏微观因素，找出社会流动性变化的深层次原因，进而探讨社会流动性变化与社会热点问题之间的关系，总结其影响，提炼出教育公平、婚姻等相关问题的解决方案，进而提出相关的政策建议。本书的具体目标包括：测度代内社会流动性的大小，分析各个时期城乡之间、男女之间、不同社会阶层之间社会流动性的差异，考察相应的变化趋势；从教育、家庭、城乡差异角度分析社会流动性的影响因素，找出社会流动性变化的原因；检验社会流动性和现代婚姻结构之间的关系，找出对"剩男剩女"的影响。

1.2.3 研究内容

第一章　引言

首先介绍本书的研究背景和意义，在对相关理论和概念界定的基础上提出本书的研究目标和主要研究内容，从理论上支撑本书的实证分析。

第二章　文献综述

着重介绍社会流动性的概念，通过现在已有的测量和研究结果，比较分析国外的社会流动性和我国社会流动性差异。

第三章　教育公平问题研究：城乡教育差异

本章利用 2010 年新课程改革对新入学学生的外生冲击，在断点回归设计框架下采用两阶段最小回归方法检验教育制度改革对农村学生接受高等教育的影响，研究发现：（1）农村学员进入优质大学的门槛越来越高、难度越来越大，"寒门贵子"离农村生源已经渐行渐远；（2）从学科层面来看，来自农村的理科生在新课程改革中受到的不利影响小一点，文科生受到的影响较大；（3）在大学里，适当的城乡学员比例将有利于班级成绩的上升，农村学员学习努力，具有良好的示范效应。

第四章　社会流动性变化及其原因探究

本章首先梳理了与社会流动性相关的政策法规，找出这些政策法规对我国社会流动性产生的影响；同时，通过城乡经济数据、人口就业信息、教育数据等宏观数据了解我国社会流动性的宏观经济背景，为接下来的实证分析提供了支撑。在此基础上，努力找出新中国成立以来各阶段的社会流动性大小，然后分城乡和性别给出社会流动性的大小，分析各阶段社会流动性的变化以及社会流动性的城乡差异和性别差异。最后着重探究了社会流动性变化的原因，在回归的基础上发现教育、性别、城乡差异是社会流动性的主要影响因素，对人们的职业变化产生了重要影响。

第五章　社会流动性变化导致的结果：剩男剩女

本章使用 CGSS 数据库 2010、2011、2012、2013 年的最新数据，通过 Probit 模型、Logit 模型，分析社会流动性对我国居民婚姻和初婚年龄的影响，发现随着社会流动性的提高，女性结婚的概率有所下降，男性结婚的概率正在提升，不过单身男女的初婚年龄有明显推迟的倾向，这可能就是我们通常见到的"剩女"现象。优越的家庭背景对青年人的婚姻帮助不大，反而降低了他们结婚的概率，推迟了他们初婚的年龄；而以党员身份为代表的个人能力对婚姻十分有益，不仅提升了个体的结婚概率，还有利于个体尽早结婚，在婚姻市场中发挥了积极作用。

第六章　研究结论与政策建议

根据以上研究总结本书得到的主要结论，在此基础上提出提升我国社会流动、改善城乡教育差异、提高婚姻市场匹配关系的政策建议，然后展望下一步可能的研究方向。

1.2.4 要解决的关键问题

1. 新中国成立以来，我国经历了不同的发展时期，各阶段的社会流动性是否有差异？我国实行的是城乡二元结构发展模式，在改革开放以后，让沿海地区尤其是城市先富起来，已有研究表明经济发展与社会流动性密切相关，我国的城乡二元结构差异、改革开放等不同的经济政策是否也会对社会流动性有影响呢？此外，我们还将关注家庭差异对社会流动性的影响，测量个体因素、家庭因素和社会因素造成的社会流动性差异。

2. 个人教育、家庭背景历来被视为影响个人社会地位的重要因素，本书将在测量这些因素对社会流动性影响作用大小的基础上，探究新形势下教育对社会流动性影响的深层次原因，并尽量挖掘教育的城乡差异、家庭背景差异，找出背后的影响机理。

3. 因为以前的研究很多都是将收入水平作为研究对象，所以关于社会流动性的影响，大部分研究都会跟贫富差距联系起来，而社会地位是一个不易量化的指标，相对研究较少，本书以职业作为社会地位的代理变量，在分析社会地位变化的同时还将探究社会地位对婚姻和子代的影响，找出现代婚姻中出现"剩男剩女"现象的原因，并希望从社会流动性的视角给出解决方案。

1.3 研究方法及技术路线图

1.3.1 研究方法

1. 文献分析法

本书在第二章文献综述、第五章第二节的文献综述中使用文献分析法，通过收集、整理和鉴别已有文献以及对这些文献系统性的研究，详细分析了本研究中所使用的理论基础，并找出了已有研究的盲点，从而指出本书研究的意义。从现有文献来看，国内对于代际之间社会流动性的影响研究较多，对代内流动性的研究还比较少，本书将在测量新中国成立以后各阶段代内流动性大小的基础上，结合对社会流动性的城乡差异、性别差异、家庭背景差异的研究，对我国社会流动性的大小、原因及其影响给出系统分析，以期通过职业变动找出教育、婚姻等相关情况的成因和对策，弥补社会流动性研究文献中的缺陷。

2. 统计分析法

本书在前人研究基础之上，将在第三、四、五章运用简单的数学公式和模型，通过对 CGSS 数据库、国家统计局历年统计年鉴中关于人口、教育、城乡差异的相关数据进行数理统计分析，以期可以获得支持各章节论点的结论。统计分析法是目前科研中运用比较广泛的一种方法，可以通过大量的统计数据，比较准确、客观地反映一些隐藏在数据中的可能存在的客观规律。本书主要是对我国宏观社会背景、CGSS 数据进行初步的统计描述，直观了解我国社会流动性的基本情况，为后文的分析做准备。

3. 计量分析法

计量分析法是在经济理论和统计分析法的基础上，对经济变量之间的关系做出数值估计的一种数量分析方法。本书在第三、四、五章分别利用已经收集到的 CGSS 数据，结合人力资本理论、工资理论等对社会流动性的原因、影响进行计量经济学的实证分析，以期更好地了解社会流动性情况。本书用的具体计量分析方法包括 Probit 回归法、Logit 分析法、断点回归方法和工具变量回归方法。具体介绍如下：

（1）断点回归方法。

断点回归是一种拟随机试验，能够有效利用现实约束条件分析变量之间的因果关系，是仅次于随机试验的一种实证方法（王湛晨，2016）。可以将断点回归分为两类，第一类断点回归的临界值十分明确，在临界值两侧的观测点一侧接受了处置，另一侧没有接受处理，界限十分明确；第二类断点回归的临界值比较模糊，在临界值附近概率的变化是单调的（余静文等，2011）。不管是哪种断点回归，都可以有效研究相应冲击对其他经济变量的影响（Hahn 等，2001）。本书为了评估社会流动性变化的原因，使用了某高校学生学习成绩的数据，通过断点回归方法，研究课程改革对城乡学员入学概率、入学后成绩的影响，发现农村学员接受优质教育的可能性越来越低，是农村居民社会流动性降低的主要原因。

（2）工具变量回归方法。

工具变量是指在模型估计过程中被作为解释变量的工具，代替模型中与随机误差项相关的解释变量。在使用过程中，工具变量一般需要满足三个条件：①与所替代的解释变量高度相关；②与随机误差项不相关；③与模型中的其他解释变量不相关。使用数学模型形式表述时，我们将回归模型记为：

$$Y = \beta_0 + \beta_1 X + \mu$$

由于 X 与 μ 相关：

$$\text{Cov}(X, \mu) \neq 0$$

为了获得 β_0 和 β_1 的一致性估计，我们需要找出一个新的变量，可以记为 Z，该变量需要满足两个条件：

① Z 与 μ 不相关：

$$\text{Cov}(Z, \mu) = 0$$

② Z 与 X 相关：

$$\text{Cov}(Z, X) \neq 0$$

则 Z 为自变量 X 的工具变量。

通过以上分析，我们认为合适的工具变量需要具有两个性质：①对于待估方程而言，工具变量需要是外生变量，即 $\text{Cov}(Z, \mu) = 0$；②由于 $\text{Cov}(Z, \mu) \neq 0$，$X$ 为内生变量，而工具变量必须与 X 相关，即 $\text{Cov}(Z, X) \neq 0$。

如果不能找到合适的工具变量，则原方程的估计会出现不一致和有偏的估计结果，内生的解释变量产生的原因主要有两个：①遗漏变量；②测量误差。放在本书中，我们在第五章研究"剩男剩女"问题时，就遇到了解释变量与被解释变量存在一定的测量误差，所以只能以教育作为工具变量进行分析，从而找到社会流动性对青年男女结婚的影响。

4. 案例研究法

案例研究法又称个案分析法，1880年最先由哈佛大学开发完成，主要用于哈佛商学院在培养高级经理人和管理精英的教育实践中。本书将在第三章运用案例分析法，以某高校学生2005—2014年的高考入学成绩、入学后的课堂成绩为例，详细分析教育改革对城乡学员接受优质高等教育的影响，以便找出社会流动性变化中城乡差异的原因。

1.3.2 技术路线图（如图1-1）

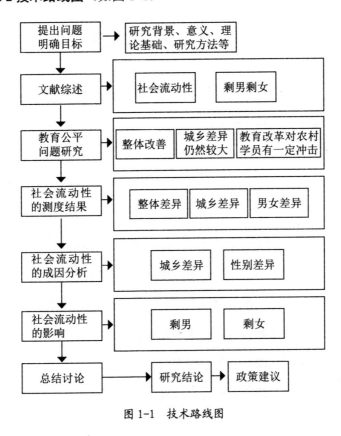

图1-1 技术路线图

1.4 研究数据及创新之处

1.4.1 研究数据

中国综合社会调查数据库（Chinese General Social Survey，CGSS）长期受到中国人民大学985基金、中国人民大学科学研究基金资助，是由中国人民大学调查与数据中心负责的我国最早的全国性、综合性学术调查数据库。中国综合社会调查数据库积极开展与日本、韩国等东亚国家的合作，成为我国综合社会调查国际交流与合作的窗口。从2003年起，CGSS数据库每年都会对中国各省市自治区的近万户家庭进行连续性横截面调查，全面收集个人、家庭、社区的相关信息，开创了中国大规模全国性社会调查的先河，为研究我国社会的历史性变迁、推动国内科学研究做出了积极贡献，充当了多学科经济与社会数据收集的平台。经过多年的努力，CGSS数据库已经成为大型综合性数据库，并被广泛用于经济学、社会学、管理学等相关学科的科学研究，基于CGSS数据的学术期刊论文也日益增多。本书正是基于CGSS数据库的调查数据，利用其2010—2013年的数据进行分析的。

1.4.2 创新之处

1. 使用不同时期数据估计各个阶段的职业社会流动性

社会流动性变化是一个动态的过程，主要受到教育水平、家庭背景和国家政策的影响，因此在各个时期有一定的差异。本书将结合我国宏观政策背景，分不同时期测算城乡之间和男女之间的职业代际流动性差异。在1997年市场经济深化改革以前，我国经济中仍然包含较重的计划经济成分，人们的住房、工资、福利等都与职业有重要关系，不过现有研究中更多的关注点在于收入的代际流动，没有对职业代际流动性的时间段研究。本书将区分不同时期、不同户籍、不同性别之间的代际职业流动性差异，进行综合分析，力求全面综合探究我国社会流动性的变化。

2. 从新的视角解释男女平等的原因：女性劳动力资本的上升

"剩男剩女"问题是近年来在社会上兴起的热点话题，也是困扰适龄未婚男女的重要问题，对其原因的探究较多，但进行实证分析的文献较少。以往研究很多都发现"剩女"问题是由于女性不愿结婚造成的，进一步的分析很少见；对"剩男"问题的研究也多止步于贫穷和贫富差距。本书将"剩男剩女"的探究统一到了社会流动性在各个时期变化的结果，给出了"剩男剩女"问题的一种新解释。

3. 从现代教育改革的视角解析寒门还能否再出贵子

随着经济的发展和国家教育投入的增加，国民受教育水平总体提高较快，然而受限于我国的城乡二元结构发展模式，农村学员在接受高等教育方面，并未获得公平的发展机会，在现代教育改革不断注重素质教育、综合发展的前提下，他们进入优质大学的门槛越来越高，"寒门贵子"离农村生源已经渐行渐远。这主要是由于农村地区经济条件普遍较差，基础设施、师资资源等无法与城市相比，因此很难获得公平的竞争机会，致使其在升学、接受进一步的高等教育等方面处于劣势地位。

1.5 本章小结

工作是人们安身立命的基础，是家庭和社会运转的发动机，在人们的生活中作用日益突出。不过出于种种原因，我国贫富差距不断拉大，教育不公平的存在影响了社会流动性的有序进行，同时也出现了大量"剩男剩女"，影响了社会稳定的基础。因此，本书将从人力资本角度，分别测算城乡、性别的社会流动性差异，找出影响社会职业流动性的因素，为国家宏观政策部门提供策略上的建议，为政策制定提供一定的理论依据；本书将对社会流动性的代际职业流动、流动原因、流动影响等进行研究，有助于相关研究者和相关政策制定者从理论上系统地认识我国的代际职业流动现状、问题及解决方法，促进相关职业发展的规划，降低职业流动的风险，实现我国各个行业在职业流动方面的有序进行，增强人们的职业发展意识和培训意识，为社会主义现代化建设提供助力。接下来本书将通过Probit、Logit、OLS等方法，使用CGSS数据和某高校学生的成绩数据，按照测算社会流动性大小、探究社会流动性原因、找出其影响的思路进行分析。

第二章　文献综述

2.1 关于社会流动性的研究

2.1.1 社会流动性的定义

社会流动性是指在分层的社会中，各个群体或群体社会地位的改变，即他们从已有的地位向新的地位转变的过程（徐祥运等，2011；唐世平，2006；吴忠民等，1998；严善平，2000），反映的是劳动者职业、收入、财富等在社会不同层次之间的长期动态关系（阳义南等，2015）。最早对社会流动性进行研究的是社会学家 Sorokin（1927），他在著作《社会流动》中将社会流动性进行了两个维度的划分，即垂直流动与水平流动、代内流动与代际流动。在 20 世纪四五十年代，社会流动性研究的热潮开始兴起（罗教讲，1998），社会学和经济学的研究脉络却略有差异（阳义南等，2015），社会学主要是从静态的社会分层开始研究，逐渐延伸到以职业流动为代表的动态社会流动性研究（李若建，1995；吴忠民等，1998），Becker 等（1979）通过建立收入分配与代际传递均衡模型，将代际传递对父母的依赖程度及父母对子女的投资倾向作为研究要点，从静态的收入分配逐渐扩展到以代际收入流动为代表的动态社会流动（李力行等，2014）。垂直流动主要与代际间的流动性有关，是指父母的教育或收入对子女的影响，代际间的相关性越高，社会的代际流动性越低；水平流动是收入或教育在相同代系之间的差距（Becker，1986）。本书的研究，主要是围绕代际之间的垂直流动性。

2.1.2 社会流动性研究的原因及重要性

研究社会流动性的原因。社会学家对社会流动性研究的理论基础来源于先赋性理论与后致性理论（张翼，2004），如果人们通过接受教育或者努力工作，就可以获得自己应有的社会地位，则人力资本是代内流动的主要依据，与父母的社会地位、财富状况无关，这样的社会可以称为开放性社会；如果人们的社会地位在出生之前就已经按照一定的阶层结构排列，其出身或家庭能够决定人们未来在社会中的位置及财富状况，继承成为代际流动的主要形式，这样的社会就属于封闭性社会（Blau 等，1967）。随着时间的推移，社会状况一直在发生变化，没有社会处于完全的开放性社会或封闭性社会，但其属性总有一定的倾向性，并与社会变迁具有密切关系（李路路等，2015）；在传统的农业社会，封闭性的社会属性多一点；在现代社会中，开放性的社会属性多一点（阳义南等，2015）。不管是在哪种社会中，已有的财富或权力所有者，即既得利益者，总是期望可以维持已有的社会制度不变（唐世平，2006），将自己的财富或权力按照世代沿袭的方式传承下去（李路路，2006），即使在现代社会，当经济和社会发展进入稳定阶段以后，世界各国还是开始有了等级社会的影子（李春玲，1997），市场机制已经很难发挥其变革性的作用（杨建华等，2012）。因此，我们需要对社会流动性及其机理进行新的研究和评估，找出中国社会流动性与世界的共性（Hauser，1984；Erikson 等，1992；Hout，2004），进而研究解决的办法。

社会流动性研究的重要性。社会流动性是国家公平正义的体现，是激发社会活力、促进经济转型与发展的动力（阳义南等，2015）。现阶段，我国已经进入改革的深水区、发展的关键时期，对人力资本效率的需求更为迫切（王学龙等，2015），我国要从刚性的社会体制转向弹性的社会体制，更加需要保持充分的社会流动性（厉以宁，2003）。通过较高的社会流动性，不仅可以打破已有的利益结构格局（唐世平，2006），冲破阻碍生产力发展的制度障碍（蔡洪滨，2011），还可以提高社会的机会平等，增强人们劳动的积极性（杨瑞龙等，2010），为长期经济发展打下坚实的基础。

2.1.3 社会流动性的研究方法及测定结果

1. 社会流动性的测量方法

在社会流动性的研究中，主要使用三种方法：代际收入弹性分析法、社会流动表分析法和姓氏分析法（王学龙等，2015）。其中，代际收入弹性分析法使用较多（李力行等，2014）。

代际收入流动性是指子代的收入水平受到父代影响的程度（方鸣，2014；陈琳，2015；孙三百等，2012），其测度依据是代际收入弹性系数，该系数越高，说明父代对子代的收入影响越大，代际收入流动性就越低，这时代际之间收入、地位的传承性就越强，低收入家庭的子女难以通过自身的努力获得相应的财富或者社会地位，导致代际之间呈现"继承性""遗传性"特征，社会的公平性就会较差（何石军等，2013）。当前关于代际收入弹性的分析主要包括代际收入大小及趋势的估计、代际收入流动性的社会影响和代际收入流动性的决定因素研究（秦雪征，2014）。

使用社会流动表作为工具的研究并不是很多（李路路等，2015；Chen，2013；Khor 等，2010；Altham，1970；Long 等，2013），这种研究方法很难对社会流动的决定因素进行深入的分析（Altham 等，2007），而对其决定因素的研究也多是借助二元或多元离散选择模型（王学龙等，2015）。

姓氏分析法才刚刚开始（Clark，2012；Clark等，2012），研究较少，这里不做介绍。

2. 各国的代际收入弹性大小

代际收入弹性在各国之间差异较大。现阶段，对欧美等发达国家的代际流动性研究比较多，由于这些国家进入工业化较早，经济发展已经比较成熟，再加上其民主体制与福利性社会的特征属性，他们的代际收入弹性一般较低，例如，美国是 0.2（Becker 等，1986），英国是 0.3（Nicoletti 等，2007），瑞典是 0.141（Hirvonen，2007），丹麦是 0.089（Jantti，2006）等，普遍属于社会流动性很大的社会（何石军等，2013）。不过，即使是在这些比较平等的国家，也会有一些不令人尽为满意的地方，如果细分的话，丹麦位于收入前 0.1% 的人，其代际收入弹性系数高达 0.9，最富足社会群体的封闭性极强。Frenze（1996）发现在 1979—1988 年期间，美国最高收入的前 20% 人口中，经过 10 年的变化，只有 14% 还在前 20% 的富裕阶层里，而美国最贫穷的 20% 人口中，经过 10 年的变化，还有 65% 左右的人仍然停留在贫困状态，这表明美国的富裕阶层也许流动性比较高，但其贫困阶层的流动性并不高。

3. 我国的代际收入弹性大小

改革开放以来，我国收入差距持续扩大（Ravallion 等，2004；Meng 等，2010），最高 10% 人群的收入是最低 10% 人群收入的 33 倍，城乡居民收入差距达到 3.87 倍（李实等，2011），反映收入差距的基尼系数已经从改革开放初期的 0.3 上升到 21 世纪初的 0.45（Khan 等，2005；Yue 等，2006），有些学者认为我国的基尼系数可能会更高（甘犁，2012），不管怎样，我国的收入差距正在拉大，是一个不争的事实（李实等，2003；李实等，2006；Li 等，1998）。这么大的收入差距，是只存在于一代人，

还是可以世代传递？"富二代""官二代""农民工二代""穷二代"等
"二代"现象将代际传递的研究推向了我国社会学研究的前沿（何石军等，
2013）。

（1）研究结果差异。

我国代际传递弹性系数的测量结果略有差异（王学龙等，2015），
但大部分都位于 3.5 ～ 6.5 之间（Deng 等，2013；Gong 等，2012；Zhang
等，2010；陈琳，2015；韩军辉等，2011；汪燕敏等，2013；陈琳等，
2012），中国居民的代际流动性较差（方鸣等，2010），代际系数明显高
于欧美等发达国家（Khor 等，2005），代际之间社会流动性的降低和代
内的收入不平等对我国经济的健康发展都会造成不利的影响（Gong 等，
2012；陈琳，2015）。我国代际传递现象十分明显，可能部分是因为家庭
日益重视教育，通过教育增强了子女的人力资本，使得财富、地位等得以
传承（李力等，2014），更详细的介绍将在下文中继续分析。

（2）差异产生的原因。

我国代际收入弹性估计结果的差异，还有部分人为因素：一方面，
各种实证研究所依据的数据有所差别，限于数据的可得性，往往存在遗漏
重要变量或测量结果不够准确等现象，他们对于研究对象的细化也难以令
人满意，而且代际收入弹性依据的是永久性收入，现在的数据还难以做
到（秦雪征，2014）；另一方面，他们的回归方法也不一样（王学龙等，
2015），这些都是造成实证结果差异的重要原因。

2.1.4 代际收入流动的变化趋势及影响因素分析

1. 代际收入流动性的变化趋势

（1）社会流动性下降。

王海港（2005）利用 1988 年和 1995 年中国社会科学院"城乡居民收

入分配课题组"的调查数据测得，我国 1988 年的代际收入弹性为 0.384，到 1995 年时则为 0.42。Deng 等（2013）估计的代际收入弹性在 1995 年为 0.47，与王海港的估计结果基本一致，我国 2002 年的代际收入弹性已经上升到 0.53 了。Gong 等（2012）对中国城市的代际收入弹性进行估计，发现系数高达 0.63。从以上代际收入弹性估计结果可知，我国社会流动性存在下降的趋势。

学界普遍认为，改革开放初期，随着经济发展水平的提高和市场经济的推进，社会流动性较高（王学龙等，2015），之后社会流动性开始下降，这可能是因为受传统文化的影响，父母在子女面前具有一定的权威性，父母对子女的影响在不断增强（李力行等，2014），这种现象在东亚的儒家文化圈内普遍存在。除了对横截面上某一年份代际收入弹性的策略，尹恒等（2006）对 1991—1995 年和 1998—2002 年的短期数据进行分析，发现中国城镇的社会流动性在降低，各阶层的收入分化已经趋于稳定。中国社会流动性的下降趋势令人担忧（蔡洪滨，2011），这可能导致"阶层再生产"的形成（边燕杰等，2014；阳义南等，2015）。

（2）社会流动性上升。

也有部分学者的研究发现，社会流动性在 2000 年左右是比较低的，之后开始上升了（邢春冰，2006）。何石军等（2013）使用 CHNS1989—2009 年的数据，估计了 2000 年、2004 年、2006 年和 2009 年的数据发现，各年的弹性系数分别为 0.66、0.49、0.35 和 0.46，总体来看，弹性系数在下降，社会流动性在上升；阳义南等（2015）的估计结果与之类似，然后他们又使用客观法测量的国际社会经济地位指数对研究结果进行稳健性检验，发现父亲的社会经济地位对子女的影响确实在 2006 年、2008 年和 2010 年依次降低了。虽然近年来我国的社会流动性呈现上升的趋势（李路路等，2015），不过与已有国家的研究相比，仍然处于偏低的水平（何石军等，2013）。

2. 社会流动性的影响因素分析

（1）父代对子代的影响。

大量研究表明，父母的收入、受教育状况对子女的收入、教育、职业等有直接的影响（Shea，2000；Behrman 等，2002；Case 等，2002；Plug，2004；Black 等，2005；Chen 等，2009）。李宏斌等（2012）的研究发现，父母的政治资本对高校毕业子女第一份工作的收入有显著的正向影响，"官二代"大学毕业生的起薪比其他同学高出 13%。其中，父母的收入可以直接决定子女收入变化的 9% ~ 11%（Peters，1992），尤其是在私人部门，效果更加显著（Liu 等，2000）。在我国这样一个社会流动性相对比较低的国家，父母的社会身份，例如共产党员的身份等，对子女收入有显著的正向影响，可以对子女职业地位的获得提供很好的帮助（杨瑞龙等，2010；张翼，2004），而随着人们受教育水平的普遍提高，父母对子女的影响，主要体现在收益上（李宏斌等，2012），即父辈可以通过权力为子女增加收入——权力寻租（邢春冰，2006）。除此之外，父母通过自身的户籍为子女提供良好的受教育环境等，帮助子女获得更多优势，为其未来的发展创造良好的条件（Mayer，2002；杨瑞龙等，2010；陈钊等，2009；孙三百等，2012；陈钊等，2009）。

首先，父子在职业、收入上的相似性。

"有其父必有其子"是中国的一句谚语，其中就可以反映出父代对子代的影响，尤其是职业和收入方面，大多数父子或母女具有明显的相同职业倾向，而且这一倾向在很多职业中都存在（严善平，2000），尤其是在中国的男性中，表现尤为突出（林南等，2002）。考虑到我国的特殊国情和传统观念，从新中国成立到国有企业改制之前，我国城市职工一直端着"铁饭碗"，即使自己退休，这个"碗"还可以交到子女的手中，因此城镇家庭子女的资源向父辈职业"回归"的趋势十分显著；在现代社会中，务农并不是一个十分具有经济优势的工作，所以大部分农村子弟的工作具有一定的向上流动倾向（周兴等，2014）。在很多发展中国家，农民的子女更多的是继承父代关于农业的知识和技能，从事与农业部门相关的工作（Rosenzwei等，1985）。而像美国这样的发达国家，虽然其代际流动性已经开始放缓（Long等，2013），但仍有1/3的CEO与前任CEO或公司股东有血缘家族关系（Perez等，2006），在加拿大甚至有6%的人在其父亲工作过的地方工作过，这些都表明，即使是发达国家，父代对子代的影响也同样十分显著。

除了职业，收入水平也存在明显的父代对子代的影响（Solon，1992；Zimmerman，1992；Solon，1999；Solon，2002；Solon，2004；Bjorklund等，2009；Black等，2011），这使得我国收入差距进一步扩大，贫富分化呈现出代际传递的趋势（李任玉等，2014），对社会经济发展和社会稳定十分不利。这种差距的形成主要是由于在人力资本形成过程中，教育投入不足造成的（Shea，2000；Bowles等，2002；Dahl等，2012；Lefgren等，2012），高收入家庭用于子女教育的投入较多，为子女的人力资本投资较大，在子女中形成了更高的人力资本，这为子女以后的发展打下了良好的基础。

其次，国内外的代际收入研究。

对于代际收入流动性的研究，最早起源于美国（Becker等，1979），在20世纪90年代以后，关于我国代际收入流动性的研究才开始卓有成效地展开（周兴等，2014）。Nee等（1997）首先对我国农村地区的社会流动性进行了分析，Khor等（2005）对我国城市地区的收入流动性进行了测算。

之后，王海港（2005）、尹恒等（2006）、孙文凯等（2007）、章奇等（2007）、丁宁等（2007）、韩军辉（2009）、方鸣等（2010）、邢春冰（2006）、何石军等（2013）、Deng 等（2013）都分别对我国社会流动性进行了研究，并形成了一股热潮。近年来，我国的研究更加细化，孙三百等（2012）分析了劳动力迁移对代际收入传递路径的影响，陈琳等（2012）分析了人力资本、社会资本和财富资本对中国代际收入的解释力度，周兴等（2014）则对比了中国城乡之间社会流动性的差异。

国外关于社会流动性的研究集中于两个方面：第一，测度不同国家之间代际收入弹性的大小，比较各国代际收入流动性的差异，分析代际收入传递机制（Solon，1992；Becker，1993；Bowles 等，2002；Corak 等，2013）；第二，分析社会流动性的影响因素，找出这些因素与社会流动性的关系，以期提出更好的政策建议（Boudon 等，1974；Clancy，1997；Blanden 等，2001；Dan Andrews 等，2009）。不管采用什么样的方法和数据，各国的研究结果普遍发现，父辈与子代的收入存在正相关性（Bjorklund 等，2011）。

（2）教育对社会流动性的影响。

高低收入家庭的子女，在未来工作中的收入是有差距的，这些差距与自己接受的教育、工作经验、工作单位等都有一定的关系，这些因素可以解释代际之间收入相关性的 35%（李路路等，2015；孙三百等，2012），在所有这些影响因素中教育对收入的影响最大（李任玉等，2014；阳义南等，2015；王学龙等，2015；谢正勤等，2006）。在代际内，教育使得收入不平等相较于能力差别扩大了 25%；在代际间，教育使得收入不平等扩大了 50%。尤其是义务教育阶段家庭对子女教育的投入，更加有利于子女的人力资本积累和收入水平提高，这一阶段的投入影响要大于高中或大学时的投入影响，而且义务教育阶段的投入更容易固化代际之间收入的相关性，拉大代内的收入差距（杨娟等，2015）。随着工业化水平的不断提高，职业化进程逐渐加快，受教育程度对子女职业的获得影响较大（张翼，2004），接受良好教育的子女成为管理人员和技术人员的概率明显增加，其实这也是他们获得更高收入的一种途径（王学龙等，2015）。随着义务教育的全民化和高等教育的普及，教育不平等日益受到关注，英国的研究表明，其社会流动性的下降，85%可以由教育不平等来解释（Blanden 等，2007），而且教育不平等还存在代际传递（李煜，2006），即父母的学历等先天性条件可以通过对子女的教育影响到子女，这种叠加效应，大大加大了教育对社会流动性的影响（严善平，2000）。

周兴等（2014）发现，无论是对于城镇还是农村家庭的子女，教育可以有效降低子女职业向下流动的可能，提高子女职业向上流动的机会，而且教育等级越高，子女职业向下流动的可能性越低，向上流动的概率越高。哪怕是以培训为主的职业教育都可以大大提高人力资本价值，促进工作的提升和收入水平的提高（谢正勤等，2006），教育的重要性还体现在随着时代的演进而增强（王学龙等，2015）。

（3）社会流动性的其他影响因素。

第一，借贷约束。

子女从父母那儿继承来的除了财富以外，还有人力及非人力资本投资，随着父母投资的增加，子女的收入会提高（Becker 等，1979；Becker 等，1985）。然而这种投资却受到家庭经济状况的影响，富裕家庭经济条件充裕，具有比较大的人力资本投资自主权；社会底层家庭，因为受到借贷约束的束缚，无力对子女进行最优的人力资本投资，则富人家的小孩将因为自身人力资本的提高而获得较好的未来收益，穷人家的小孩因为教育资金投入不足，未来收益偏低，于是社会流动性降低，固化了社会阶层（李力行等，2014）。家庭借贷约束对子女的影响甚至会大于遗传因素的影响，而且这种影响随着子女年龄的增长而日益提高（Lucas，2013）。

第二，政府的影响。

由于政府在国家政策的制定、经济方向的把握、公共设施的建设等方面发挥着不可替代的作用，因此行政因素对社会流动性有重要影响（吴忠民等，1998；Mayer等，2008）。尤其是在教育方面的公共建设支出，不仅关系到一代人的公平问题，还会直接影响代际之间的社会流动性和社会阶层固化（李力行等，2014）。Chetty等（2014）发现，较高的政府教育支出可以提高初等教育水平，维持家庭的稳定，减少代内和代际之间收入的不平等，从而有助于提高社会流动性。因此，作为政府，应该增加教育等方面的社会公共开支，破除阻碍社会流动性的不利因素，为社会竞争创造更好的机会（阳义南等，2015）。

第三，城乡之间的差异。

在已有的社会流动性研究中，受限于数据的可得性和分析的有效性，大多数研究没有细分城乡之间的差别（Cheng等，1995），而只是运用城市数据进行分析或者将城乡数据混合在一起进行分析，这样的测量结果一般不准确。仅限于城市户口的分析，就忽略了城乡人口在制度和空间上的隔离，也忽略了农村户籍人口在从农村转向城市的过程中所付出的努力（吴晓刚，2007），不能很好地测量出人们生活机会的变化（Wu等，2004）。其实，由于农村收入水平差异较大，在近年来随着进城打工潮的出现，农民的收入明显增加，因此农村的社会流动性可能比城市还要高，只是这种收入流动给农民带来的福利却不多（王朝明，2008）。随着经济的发展和现代化建设步伐的推进，农业资源日益缺乏、非农就业机会的增加，都是农民进城务工的动机（杜鹰等，1997；蔡昉，2001）。

户籍制度的影响。自新中国成立以来，中国就一直实行比较严格的户籍制度，将农村和城市进行了人为的区分。这一方面方便了城市与农村的管理，在动荡的社会里发挥了一定的积极作用；另一方面，居民之间因为户口，具有了一定的封闭性，不利于调动人们工作的积极性，降低了社会流动性（吴忠民等，1998）。即使到现在，城乡之间的户籍变动比例依然较低（陆益龙，2003），这种改变以上学为主要方式，在农转非的人里，有50%是通过上学改变了农村身份，加入城市户籍当中（Wu等，2004）。吴晓刚（2007）的研究发现，如果控制住教育和户籍，城乡之间的代际影响关系甚至是相反的，对于出生于城市的子女而言，父代对子代有正向的影响；对于出生于农村的子女而言，父代对他们的影响是负的。这种作用，对于男性更加明显。

迁移的影响。随着我国经济的发展，人口流动开始增加，城乡二元结构以及地区之间经济发展不平衡，加剧了我国的人口流动性，第六次人口普查结果显示，中国流动人口规模高达2.6亿，其中大部分是农民工（李亚青等，2012），他们对中国经济发展做出了突出的贡献（蔡昉等，1999），却没有得到应有的回报（彭桂芳，2009）。在这种情况下，迁移成为人们关注的问题（朱忠文等，2006；罗光强，2010；杨永华，2010）。一方面，迁移可以解决人口分布与工作分布不匹配的问题，尤其是在社会变革时期，随着资源和政策的变化，不同地方的就业机会就会出现较大的差异，人口迁移恰恰可以很好地解决这种区位不匹配问题（Mariapia，2008）；另一方面，更多的迁移是发生在贫困地区，可以打破户籍的限制，使得经济落后地区的人更多地去经济发达地区，例如，由于受教育程度较高，而当地工作机会无法满足人们的需要，这时候就需要迁移到更好的地方（Marre，2009），这种迁移往往可以找到更好的工作机会。而且迁移本身就是一个适应和学习的过程，可以扩大人们的社会关系网络，提升自身的人力资本水平（Dribe等，2006）。因此，迁移者的社会流动性往往较高，其弹性系数只有不迁移者的50%（孙三百等，2012）。

2.1.5 代际流动性影响

1. 代际流动性与贫富分化

社会流动性是国家经济长期增长的核心要素，然而随着经济的发展，我国社会流动性不足与贫富分化之间的矛盾日益严重（秦雪征，2014）。经济学往往倾向于研究代际社会流动性，即收入和贫富差距在父代与子代之间的可传递程度。经济发展水平越高，代际收入流动性就越高，而且这种代际流动性与收入不平等呈正相关（Maoz等，1999），低收入家庭更容易将贫困传给子女（Mayer，2002）。收入不平等会阻碍社会流动性的提升，较低的社会流动性又使得收入不平等的状况进一步恶化，这样就形成了恶性循环（方鸣，2014），如果贫富差距和社会流动性同时减弱，就会固化已有的社会阶层，使得社会底层的穷人失去努力的动力，降低其工作效率，对经济增长和社会发展十分不利（李力行等，2014）。其实，收入不平等是先天禀赋和后天教育共同作用的结果（Rstuccia等，2004），因此只要适当加大义务教育在公共支出中的比例，就可以在一定程度上提升社会流动性，并降低代际内的收入不平等。

2. 收入不平等带来的影响

近年来，我国收入差距不断扩大（蔡昉，2003；李实等，2004；万广华等，2005；Ravallio等，2007；杨海明，2005；程永宏，2007）。这种趋势不仅影响了居民主观的幸福感，还给广大务工者尤其是社会底层的劳动者带来了心理压力，在一定程度上增加了社会犯罪的可能性，对社会稳定十分不利（Demon 等，2005；Jongm，2008；胡联合等，2005；周天勇，2006；白雪梅等，2007；陈春良等，2009）。中国古人曾云：不患寡而患不均，大多数人包括收入较高的阶层在内，都对收入不平等具有一定的厌恶情绪（Fehr 等，1999；Kahneman 等，2006；Trico 等，2010），世界各地都是如此（Schwa 等，2002；Alesina 等，2004；Ebert 等，2009）。

2.1.6 代际间的职业流动

代际间的职业流动性是反映社会流动性的重要指标（Featherman 等，1975；Ganzeboom 等，1989；Erikson 等，1992），随着我国改革历程的推进，社会开放程度不断加强（Blau 等，1990）。在大部分国家，父子职业地位都会有一定的关系（Grusky 等，1984；Ganzeboom 等，1989；Treiman 等，1989；Erikson 等，1992），只是我国表现得更为明显一点。我国从新中国成立到 21 世纪初，各个个体都是以单位进行划分的，通过单位来分配教育、医疗等公共资源（Walder，1992），因此可以说单位是人们经济地位的主要决定因素（Bian，1994）。而根据已有的法规政策，父代的工作单位对子代工作单位的获得具有直接的影响，甚至具有较高比例的继承性（Lin 等，1991），因此中国具有较强的代际传承性，这种传承是通过工作单位形式进行的（吴晓刚，2007）。细分来看，中国城镇职业间的代际流动性不强，存在明显的职业代际传递效应，子承父业的特征十分明显（孙凤，2006）。农村户籍人口的职业代际继承性也比较强，不过如果他们可以克服结构性门槛，则其向上流动的可能性将明显增加（吴晓刚，2007）。总的来看，子女职业有向父代"回归"的倾向（周兴等，2014）；父代的职业对子代有重要影响（陈钊等，2009；杨瑞龙等，2010；李宏斌等，2012）。

2.2 关于婚姻市场的研究

2.2.1 婚姻的形成

婚姻的最早经济学理论研究可以追溯到Parsons的性别角色分工理论（Parsons，1949），而将该理论运用到经济学中进行加工和实证分析的是Becker（1973,1974）。性别角色分工理论认为，男人和女人相结合具有明显的经济学含义，婚姻使他们成为一个有效的经济组织，在这个组织里男性主要从事家庭以外的劳动力市场工作，女性则致力于家庭内部的生产，这样男女之间通过婚姻的契约形式，将具有不同相对优势、差异较大的二者结合起来，形成了家庭，实现了二者的效益最大化（Goldscheider等，1986；Card，1999）。也就是说，只有当婚姻可以加强男女之间的分工与合作，使得收益大于各自的劳动成果时，才能够更好地促进婚姻的形成，并加强婚姻的牢固性。而随着科技的发展和时代的变迁，社会工作中的身体需求和性别差异越来越小，女性也更多地离开了家庭内部的工作，开始逐渐参与到社会分工中来，这就使得传统的男女劳动力分工越来越模糊，因此女性从婚姻中的获益逐渐减少，女性结婚的意愿开始降低，使得女性的结婚率有所下降、平均初婚年龄有所升高（Preston，1995）。这也促使近年来关于婚姻收益的研究进入社会学领域（Lleras等，2002；Currieand，2003；Lochner 等，2004；Lefgren 等，2006；Liu，2009；Boschini等，2011）。

2.2.2 婚姻中的男女溢价作用

1. 男性的婚姻溢价作用

从经济学上来看，婚姻对男性有明显的溢价作用，大量研究表明已婚男性的工资明显高于单身男性（Ginter 等，2001；Hersch 等，2000；

Richardson, 2000; Chun 等, 2001; Antonovics 等, 2004; Breusch 等, 2004; Ribar, 2004; Isacsson, 2007; Petersen 等, 2011; Pollmann, 2011; Ashwin 等, 2014）。首先, 婚姻确实是减少了男性的家庭劳动时间, 即使是现代社会, 男性在家庭分工中的劳动时间仍然明显少于女性, 这使得已婚男性可以更好地专注于自身的工作, 提升个人人力资本和生产效率, 增加自身工资水平（Becker, 1975; Hersch, 2000）。其次, 婚姻可以增强男性的责任感, 促使他们在工作中投入更多的时间和精力（王智波等, 2016）, 尤其是在现代社会中, 人们的经济压力较大, 而在传统意识中, 男性往往是家庭的脊梁骨和家庭经济的主要来源（Akerlof 等, 2000; Akerlof 等, 2010）, 这就激发他们为了家庭, 去努力工作, 获得更好的工资待遇, 因此已婚男性明显会投入更多的时间和精力在工作当中。还有一些研究认为, 结婚的男性本来就是因为自身具有某些优秀的潜质, 才吸引了女性的青睐, 婚姻可以激发男性的潜质, 使得他们获得更好的工资待遇（Cornwell 等, 1997; Nakosteen 等, 1997; Krashinsky, 2004）。最后, 成功男人的背后都有一个伟大的女人, 这句中国谚语可以很好地解释婚姻中妻子对丈夫婚姻溢价的作用：妻子不仅可以承担更多的家庭劳动, 将男性从家务中释放出来, 还可以通过沟通等方式缓解男性在工作中的压力, 给男性工作者提供更好的生活环境, 做好工作以外的"后勤工作", 而且很多女性是男性的"参谋", 已有研究表明, 女性的受教育水平对男性的工资溢价具有明显的促进作用（王智波等, 2016）, 而妻子在外面的工作时间与丈夫的工资溢价具有明显的负相关性（Daniel, 1992; Gray, 1997）。不管是出于以上何种原因或者是其综合所得, 男性在婚姻中具有工资溢价, 似乎是不争的事实；从世界范围来看, 各国男性的婚姻溢价一般介于 3%～31%（Schoeni, 1990）, 我国男性的婚姻溢价大概是 6.8%（王智波等，2016）。

2. 婚姻对女性的作用

嫁得好对女性很重要。如果可以嫁给一个家庭条件和背景比较好的男性，女性的幸福感上升较快，尤其是在农村或经济落后的地方，这一效果更加明显（雷晓燕等，2014）；相反，如果在家庭中，妻子的工资水平高于丈夫，其劳动参与率将会有所下降，工资水平也有下降的趋势，这时妻子对于婚姻的满意度也会逐渐下降（Bertrand 等，2013）。在现代社会中，越来越多的人注重物质条件，在婚姻中亦是如此，男性的经济条件日益受到女性的青睐，良好的经济基础几乎成为现在结婚的必要条件（Mu，2001）。因为良好的经济基础尤其是令人羡慕的工作，可以帮助妻子获得更多的幸福感（Sweeney，2002）。

2.2.3 关于婚姻问题的研究

关于初婚问题的研究，集中在初婚年龄、初婚夫妇年龄差和初婚初育三个方面（刘爽等，2015）。对于初婚年龄的研究，集中在初婚年龄的趋势和特点（陈友华，1991；赵璇，1993；郭志刚等，1999；郑真真，2002；王跃生，2005）以及影响初婚年龄的因素（Teahman 等，1987；Xie 等，2003；赵智伟，2008；王鹏等，2013）等方面。对初婚年龄研究的热度始终不减，主要是因为初婚年龄对婚姻的稳定有重要影响，而且在一定程度上可以预测离婚的风险，如果初婚年龄较晚、超过一定限度时，夫妻之间往往存在着"不匹配"的现象，夫妻之间的不协调程度将不断提升，离婚风险随之加大，不利于社会的稳定并带来一定的社会矛盾；而且，初婚年龄对生育、教育、工作等都有一定的影响（Coale，1986；Casterline，1995），因此关于初婚问题的研究可以反映出一定的社会性问题（Raymo，2003；Nobles，2008；王鹏，2003；於嘉等，2013）。而我国关于初婚年龄的研究，从 20 世纪 80 年代开始，就逐渐增多（里荣时，1985；杜泳，1989；谭琳，1992；张翼，2008；时安卿，1987；沈崇麟等，1995；刘娟等，2009；叶文振，1995）。

2.2.4 关于初婚年龄及"剩男剩女"问题的产生

1. 初婚年龄逐渐上升

随着文明进程的加快和世界经济的发展，世界各国的初婚年龄呈现明显的上升趋势（Manning，1995；Rymo，2003）。我国人口的结婚年龄上升幅度同样较大（汤兆云，2008），已经由 1990 年的 22.79 岁上升到 2010 年的 24.85 岁；其中，男性的初婚年龄由 23.57 岁上升到 25.86 岁，女性的初婚年龄由 22.02 岁上升到 23.89 岁（王鹏等，2013；李建新等，2014）。根据欧美等发达经济国家和亚洲的日本、韩国等儒家文化圈的经验，我国社会中的晚婚现象将来会更加普遍（於嘉等，2013），而由此带来的问题对我国的影响将十分重大，这也是本书对初婚年龄进行研究的立足点。

2. 初婚年龄上升的原因

为了更好地研究初婚年龄，首先应该找出使得我国男女之间晚婚的原因，而很多学者已经对初婚年龄推迟的原因进行了研究（靳小怡等，2005；王仲，2010；刘利鸽等，2011；崔小璐，2011；於嘉等，2013）。

第一，女性经济地位日益独立，对男性的依赖程度降低（Teachman 等，1987）。Parsons（1949）的性别分工理论认为在家庭中，男性通过在外面工作获得收入，是家里的主要经济来源，女性则负责照顾家庭和养育子女，在经济上依赖于丈夫。而随着科技的发展，社会劳动对个人体质的要求越来越低，女性在劳动力市场的参与率逐渐提高，收入增长迅速（Sweeney，2002；Becker，1973；Becker，1974），传统的性别分工理论，在一定程度上已经不能够完全解释现代的社会经济活动，女性的工作范围已经超出了家庭（Blossfeld，1995；Ono，2003；Couglin，2001），因此她们的初婚年龄开始明显推迟，即当女性在经济上对男性依赖性较高时，其结婚较早；当女性对男性的经济依赖较少时，其结婚意愿会推迟，女性的经济能力与其初婚年龄呈明显负相关（叶文振，1995）。除了自身对未来配偶的依赖减少以外，由于经济条件改善，未婚女性还降低了对父母的依赖，减少了父母对其早婚的期待和压力。同时，由于在我国传统意识里，女性婚姻匹配对象的教育背景、经济能力等条件一般要更好一些，随着女性经济地位和职业地位的提高，其择偶范围越来越小，导致找到合适配偶的机会越来越少，因此择偶的过程也将有所延长（王鹏等，2013）。

第二，父母对子女的初婚年龄有一定影响（曾迪洋，2014；刘爽等，2015）。一般而言，家庭经济地位越高，父母能够为子女提供的条件越好，子女的初婚年龄就越晚（Gierveld 等，1991；Axinn 等，1992；South，2001）。当父母具有较好的经济条件或更广泛的社会资源时，他们就可以给予子女更多的帮助，那么子女就会在教育或者经济条件方面具有先天性的优势，类似于女性经济地位提高时其结婚年龄会推迟，当子女获得类似的优势时，其初婚年龄就会推迟（王鹏等，2013）。例如，当父母文化程度较高时，其对子女的受教育程度将会有较高的期望，于是有较大的投入，子女拥有更多教育资源时，就具有了获取更多教育的优势，而一般教育与结婚年龄呈负相关（Bourdieu 等，1977；Wu，2008；李煜，2006）。但也有部分研究认为，父母经济地位越高，子女通过父母获得的有利条件越多，其选择性越广，找到合适伴侣的机会就越大，因此初婚年龄就可能越小（Mulder 等，1999；Kalmijn，2004）。王鹏等（2013）基于 2006 年中国综合社会调查（CGSS）数据，将父亲的职业进行了分类发现，从事管理类职业的父亲，对儿子的初婚年龄有显著的提前效应，而且对农村居民的影响明显高于城市居民；从事技术类职业的父亲，更加尊重子女自身的婚姻诉求和自我引导，其子女结婚年龄会有一定的推迟效应。

第三，迁移的影响。在我国经济高速发展的 21 世纪初期，沿海地区经济增长迅速，用工需求急剧增加，再加上我国农村改革的推进和城市的国企改革，为劳动力迁移提供了良好的外部环境，近年来我国劳动力迁移人数不断增多。当迁移使得个体离开迁出市场时，他们往往无法再利用已有的资源解决婚配问题；同时，迁移者在迁出以后，将面临不稳定的经济状况，还需要一段时间适应新的环境，这些因素都将推迟迁移者进入婚姻市场的步伐（Limanonda，1983；Chattopadhyay，1999）。此外，大多数迁移者是迁往东部地区或者经济比较发达的地方，这些地区的经济、思想和文化有助于提升迁移者的自我期望，增强他们的现代化观念，进而使得他们在主观上推迟婚姻（Boonstra，1998）。曾迪洋（2014）利用"城镇化与劳动力移民项目"的调查数据研究发现，迁移人口的初婚年龄明显高于非迁移人口，迁移事件发生的时机和过程都会对初婚年龄产生影响，迁移时间越早，越有助于迁移者安顿下来进入婚姻，而频繁的迁移将推迟初婚年龄，甚至降低结婚的可能性。

第四，世界各地的初婚年龄普遍存在上升的趋势，其中教育对初婚年龄的推迟效应最为明显（刘爽等，2015）。在东亚地区，家庭观念一般比较重，早婚文化尤其盛行（Thornton 等，1994），教育对初婚年龄的推迟效应格外明显（於嘉等，2013）；对于我国而言，接受高等教育的女性，初婚年龄的推迟要明显大于男性（吴要武等，2014）。新中国成立以来，我国的高校教育经历了明显的分层，在"文化大革命"之前，受制于经济发展水平和现实条件，接受高等教育的人较少，占比较小；"文化大革命"期间我国废除了高考政策，使得高等教育基本停滞不前；直到 1977 年高考恢复时，我国接受高等教育的适龄人口在2500万以上，受制于财政能力有限，真正能够接受高等教育的人只有数万人，而且高等教育的规模一直很小，增长也较为缓慢；1998年，大学招生规模也只有108万人，在适龄人口中的比例不到5%（吴要武等，2014）；1999年，我国发布《面向21世纪教育振兴行动计划》，正式提出要扩大高等教育办学规模（刘昊，2016），高校扩招开始了跨越式的发展，每年以40万～50万人的规模逐渐增加，经过多年的发展，接受高等教育的人从1999年的每10万人中的700多人增加到2014年的2488人。即使这样，我国接受高等教育的人口比例仍然远远小于日、韩等发达国家，在可以预见的将来，我国接受高等教育的人口规模和比例都将继续上升。

教育回报高。在中国各个层次的教育中，大学以上的教育收益率最高（李实等，2003），根据人力资本理论，教育是劳动者提升人力资本的最佳途径，随着接受教育程度的提高，劳动者的工作能力明显提高，因此可以将教育看作人力资本投资的有效途径；对于男性而言，受教育程度越高，在劳动力市场的预期收益越高，对女性的吸引力越大，越是容易找到条件优越的女性伴侣（王鹏等，2013）；教育回报率具有一定的性别差异，女性的回报率高于男性，另外在我国近年来的高校扩招中，女性占比高于男性，使得女性的预期收益增长大于男性，其对家庭或者婚姻的依赖开始减少，因此女性的初婚意愿降低，初婚年龄开始上升。

在我国传统上，婚姻讲究"门当户对"，即男女都会偏好同一阶层的异性（Schwartz等，2005；Choo等，2006）。在现代社会中，人们同样讲究共同语言，即在同一文化层次上的婚姻（Qian等，1993；Raymo等，2000）。大部分人更加偏好与自己具有相同教育层次的异性，并愿意与之结婚（张翼，2003；李煜，2011；齐亚强等，2012），在个人的社交中，人们更多地接触到与自己具有相同或相似社会地位的人，所以和与其具有相同教育背景的人结婚的机会更多（Blossfeld，2009）。

教育影响婚姻的原因。随着我国高校规模不断扩大，大量的适龄青年（18～25岁）开始接受大学教育和硕士教育，其中我国高等教育毕业人数从2000年的95万人增加到2014年的659万人，增加了6.94倍，研究生毕业人数从2000年的5.88万人增加到2014年的53.59万人，增加了9.11倍。这些接受高等教育的人因为在学校而推迟了结婚年龄（Goldscheider等，1986；Thornton等，1995）。我国《婚姻法》规定，女性的法定婚龄为20岁，男性的法定婚龄为22岁，女性进入婚龄比男性早，因此接受高等教育对女性的影响要大于男性（刘昊，2016）。在传统思想中，学生在经济上对家庭有较大的依赖性，而婚姻往往是男女成熟的标志，经济上一般具有一定的独立性，所以男女大多是完成高等教育以后才结婚（Thornton等，1995），而且接受高等教育的时间挤占了适婚男女在婚姻市场上的搜寻时间，使得搜寻成功的概率降低，所以不仅结婚的年龄会推迟，找到合适结婚伴侣的概率也会有所下降。这就产生了现代社会中流行的"剩男"和"剩女"。

3. "剩女"问题产生的原因

"剩女"并不是不结婚，只是推迟了结婚（Isen等，2010），其推迟结婚的原因主要有三点。首先，女性受教育程度提高，其在校时间的延长推迟了女性的初婚年龄（Raymo，2003；Bertr，2010）。其次，受传统婚配观念的影响，男性更加倾向于找条件与自己相同或稍差的女性，随着女性受教育程度的提高，其潜在的结婚对象大量减少，造成女生被"剩下"（沈新凤，2011）。最后，随着女性经济收入水平和社会地位的提高，其婚姻收益在总收益中的比例不断下降，使得女性的结婚意愿和积极性有所降低（吴要武等，2014；王鹏等，2013）。总体来看，我国社会中现存的"剩女"集中在城市，而且往往是美貌与智慧并存的优质女性，不管是受教育水平还是工资水平，她们都拥有比较好的条件（魏彤儒等，2010；兰小欢，2011；李银河，2011）。

4. "剩男"问题产生的原因

"剩男"产生的原因。在婚姻中存在明显性别差异（Fishman，2006），中国受儒家文化影响较重，男性在家庭和社会中往往扮演着更重要的角色，这既赋予了男性更高的家庭地位，也对男性提出了更高的要求（韦艳等，2011）。在婚姻市场上，一般都有"女向上看，男向下看"的心理，因此在婚姻市场上剩下来的，除了无法向上看的优质女，还有更多无法向下看的农村男。农村社会之所以有大量未婚男性是因为：首先，受到"重男轻女"传统思想和计划生育国家政策的影响，我国男女性别比例失衡严重，2014年，我国男性人口有7.01亿人，女性有6.67亿人，男性比女性多出3400万人口，在我国实行一夫一妻制的背景下，明显有很多男性很难找到合适的配偶；其次，随着我国的人口流动，大量女性从农村流向城市，进一步加剧了农村男性择偶的困难（兰小欢，2011）；最后，在农村地区，确实存在大量身体或智力有残疾、长相不佳、经济条件困难的男性，他们往往由于无法匹配女性的需求而终身无法结婚（杨华，2008；贺雪峰，2009；何绍辉，2010）。因此，"剩女"其实是一个伪命题，这些优质女并不是被动地剩下，而是自己在寻找更好的伴侣；"剩男"才是社会中真正的问题，因为他们受限于各种不利条件的影响，很难找到伴侣。

5. "剩男剩女"问题的不利影响

近年来，"剩男剩女"问题日益严重，也引起了较大的关注。首先，在我国男女比例严重失衡的条件下，如果女性选择推迟婚姻或者不婚，将加剧男性找不到合适伴侣的可能性，造成男性被动地无法结婚，这不仅会引起犯罪行为的增加，在养儿防老的思想意识下，还为以后的养老问题埋下了危机（吴要武等，2014）；其次，财富、教育等都有一定的传承性，如果受教育程度较高的父母选择不婚或晚婚，可能会阻断家庭内部人力资本的代际传递，不利于国民素质和人力资本的发展（Currie 等，2003；Liu 等，2010）；最后，家庭不仅是一个人生活的地方，更是人们心灵的寄托，不结婚或没有合适的家庭，使得他们无法享受家庭的关爱，往往会降低人们的幸福感（Bertrand，2013）。因此，更好地解决"剩男剩女"问题不仅关系到个人，还关系到整个社会。

2.3 本章小结

不管通过何种方法研究，父代和子代的关系都十分明显。如果人们通过接受教育或者努力工作，就可以获得自己应有的社会地位，则人力资本是代内流动的主要依据，与父母的社会地位、财富状况无关，这样的社会可以称为开放型社会，也是社会流动性比较高的社会，这样的社会流动性是激发社会活力、促进经济转型与发展的动力，对国家和国民都十分有益。如果人们的社会地位在出生之前就已经按照一定的阶层结构排列，其出身或家庭能够决定人们未来在社会中的位置及财富状况，继承成为代际流动的主要形式，这样的社会就属于封闭型社会，那么很多人就会失去继续努力的动力。

在社会流动性研究中，大部分学者使用了代际收入弹性进行估计，不过由于各种实证研究所依据的数据有所差别，限于数据的可得性，往往存在遗漏重要变量等现象，他们对于研究对象的细化也难以令人满意，而且代际收入弹性依据的是永久性收入，现在的数据还难以做到；再加上学者们使用的回归方法也不一样，这些都是造成实证结果差异的重要因素。现有研究有的认为社会流动性在上升，有的认为在下降，结论不一。

对职业流动的系统性研究还不多，特点分析也不够显著。在大部分国家，父子职业地位都会有一定的关系，只是我国表现得更为明显一点。从新中国成立到 21 世纪初，各个个体都是以单位进行划分的，通过单位来分配教育、医疗等公共资源，因此可以说工作是人们经济地位的主要决定因素。不过对于代际之间职业的流动研究不是很多，对其原因的探究和变化结果的影响分析更少。正是着眼于此，在下文的实证分析中，本书将使用职业作为社会流动性的代理变量进行相关测量。

人们的职业受到多种因素的影响，教育显著扩大了代际间职业的不平等。不管是代际内社会流动性还是代际间社会流动性，教育都对人们工作的选择和发展产生了重要影响，尤其是代际间，这种影响更大、更明显，而这种影响往往又不是通过人们的努力可以改变的，所以会对社会公平、社会稳定产生影响，因此为了给后文的社会流动性做准备，在第三章本书将先分析教育的城乡差异。

第三章　教育公平问题研究：城乡教育差异

本章基于某高校 2005—2014 年学生数据，利用 2010 年新课程改革对新入学学生的外生冲击，在断点回归设计框架下采用两阶段最小回归方法检验了教育制度改革对农村学生接受高等教育的影响，研究发现：（1）农村学员进入优质大学的门槛越来越高、难度越来越大，"寒门贵子"离农村生源已经渐行渐远；（2）从学科层面来看，来自农村的理科生在新课程改革中受到的不利影响小一点，文科生受到的影响较大；（3）在大学里，适当的城乡学员比例将有利于班级成绩的上升，农村学员学习努力，具有良好的示范效应。

3.1 背景介绍

关于"寒门贵子"的讨论。魏晋时期，世家大族把持朝政，以"察举制"作为选官的首要条件，世家子弟无论才能如何都有官可做，他们被称为"士族"；与之相对应的普通人家或者出身低微的人，被称为"寒门"。寒门出贵子的意思是说很有成就的人，出生自比较贫困的家庭，在现代社会中更多的是农村家庭。2011 年，一名教师在网上发帖称"这个时代，寒门再难出贵子"，现在成绩好的学生越来越多地来自富裕家庭，随即寒门能否再出贵子的话题，在网上引起热议。以北京某高校为例，其农村学生的比例已经低于 30.2%，不足城市学生的一半，出身贫微的农村子弟在通往"贵子"的高等教育之路上，已经远远被城市学生甩开，这是否意味着在现代社会中，寒门已经再难出贵子了呢？如果是，我们应该如何应对呢？本书将以 2010 年新课程改革为例，分析新的教育改革对农村学生的影响，看一下"寒门还能否再出贵子"。

新课程改革的内容。2004 年，高考新课程改革开始启动；2010 年，包括北京在内的全国所有省份都将实行普通高中新课程，正式拉开了《国家中长期教育改革和发展规划纲要（2010—2020）》（以下简称《纲要》）的序幕。《纲要》实施以来，极大地促进了我国初高等教育的发展，提高了学生的综合素质；但在农村地区也出现了一些问题，例如教师编制紧张、储备不够，硬件资源不足，新课程改革的实施得不到保障等，使得教育的公平性再次受到质疑。

农村学员在新课程改革中，输在了起跑线上。新课程教育改革更加注重学生的素质教育，致力于形成以学生为主体，按照自身兴趣综合发展的良性学习体系；在改革以后，开设了更多自主选修课程，给予学生选课的自主权。可是在农村地区，既没有足够的教师可以开设这些课程，也没有足够的资金支持这些课程的建设，使得农村学员输在了教育的起跑线上。而教育又是人力资本提升的主要动力（Becker，1964），是农村居民进入城市的主要通道（邢春冰，2006），在新课程改革以后农村学员将面临难以进入优质大学的困境，这不仅给他们未来的发展前景带来不利影响，还会加大整个社会的贫富差距，影响社会流动性的代际传递。

在以往关于农村教育的研究中，多是关注学生入学以后的心理变化和就业情况，很少从课程大纲的层面研究农村学员的入学机会。本书将通过断点回归和两阶段最小二乘回归方法，研究 2010 年新课程改革的实施对农村学员的影响。研究结果发现新课程改革以后，农村学员的高考成绩有所下降，他们进入优质大学的机会明显降低，这些变化不仅不利于农村学员的发展，也不利于城市学员学习成绩的提高。因此，在进行教育改革的同时，我们应该充分了解城乡教育差异、农村教育资源不足的现状，在招生、教育资源投放等方面给予农村学员照顾，不让他们输在起跑线上。

3.2 相关文献回顾

城乡二元差距是农村教育落后的重要原因。1958 年，在内忧外患的压力下，我国颁布了《中华人民共和国户口登记条例》，标志着二元户籍制度正式成立，从而开启了我国二元分割的社会结构治理模式。该条例不仅将农民紧紧地限制在了农村，堵住了农村人口向城市迁徙的路径，束缚了城乡之间生产要素流动的路径，还通过农业税和农产品的统购统销等政策，从农村和农民身上获得了大量资金（张旺，2012）。此外也造成了农村地区生活资料供应、劳动就业、社会保障等制度较城市地区大大落后的局面，农村地区基础设施，尤其是教育等基本投入的不足，既是造成我国城乡差距加大、收入不平等加剧的根源，又是影响我国社会流动性的一大障碍，是"寒门再难出贵子"的重要制约因素（朱志萍，2008）。

城乡教育二元结构是教育公平问题无法解决的根源。随着经济的好转，农村地区基础教育有了长足的发展，但受到教育经费投资不足、乡村教师质量不高等历史原因的影响，农村居民的受教育水平显著低于城镇居民（Beine 等，2001；邢春冰，2013），城乡教育公平问题仍然无法解决，而其根源在于城乡二元结构的发展模式。小学、初中教育是典型的公共教育，其投资主要来自财政支持，现阶段我国实行的是教育经费地方统筹的政策，而县级及以下政府受到财政能力的掣肘，无法为农村筹集更多建设资金，反而还要将省及中央的教育资金用在城区教育投入上，因此城乡教育投入差距依然较大，很多农村小学和初中的教育经费严重短缺；另外，受到城乡教师待遇水平差距较大的影响，绝大部分优秀教师集中在城市，乡村教师在结构、数量、质量上存在较大差距（张旺，2012）。

城乡二元差距是收入不公平的重要原因。2015 年，我国城镇居民可支配收入是农村居民可支配收入的 2.73 倍[①]，城乡收入差距巨大不仅是我国总体收入差距较大的主要原因（李实，2003；李实等，2004），也是影响我国经济可持续发展的重要因素，并且带来了较多的社会问题（Benjamin 等，2004；Sicular 等，2007；林毅夫等，1998）。由城乡二元结构造成的户口歧视、地域歧视等问题进一步拉大了我国的城乡收入差距（章元等，2001；王美艳，2005；万海远等，2013），限制了农村子弟的发展，造成了社会发展不公平的代际传递。

教育不公平与收入差距拉大存在紧密关系（Becker，1966；白雪梅，2006）。农村教育资源匮乏，人力资本价值提升有限（王海光，2003），是农民及农民工收入增长乏力的重要原因（陈斌开等，2010），而且教育已经成为影响我国收入水平增长的重要因素（Sicular 等，2007）。吕炜等（2015）基于 2001—2011 年的省级面板数据研究发现，城乡教育不平等将会加剧城乡收入不平等，城乡教育不平等和城乡收入差距的恶性循环只能通过国家政策进行有效调控。在未来的社会发展中，教育作为人力资本的重要体现，在个人的收入方面发挥着重要作用，减少教育不公平将有效降低收入差距（Becker，2012），尤其有利于农村居民的收入增加，提高贫困人口的收益（Galor 等，1993；陆铭等，2004）。

---

① 数据来源：《中国统计年鉴（2016）》。

关于农村学生的研究集中在入学以后的心理问题和毕业后的就业问题。城市相对于农村的优势已经深入人心，读书成为农村学员向城市转移的最主要途径。以读书方式进入城市的农村学生大多具有融入城市生活的意愿，只是受到生活方式和文化习惯差异的影响，他们对自身适应状况的判断普遍较低，大多认为城乡大学生之间存在一定的障碍（余秀兰，2010）。农村学员在学校的生活、学习过程中，表现出社会化过程的断裂和社会化时空的非连续性，存在着普遍的身份认同"失调"和经济认同"失落"（周建民等，2005），使得他们对大学生活并不十分满意，抑郁检出率高达 55.80%，尤其是大学四年级学生，心理压力更大（韩黎等，2014）。

探究农村大学生在进入城市后难以适应城市生活的原因，已有研究发现：第一，经济较为为难。相对于城市学生而言，农村学生的家庭经济条件普遍较差，而在交友、社交过程中，他们的生活水平往往又和城市看齐，这些都影响了他们的日常生活（伍安春等，2000），而且农村大学生由于长期生活在经济相对贫穷、社会地位相对较低的农村，入学后面临巨大的反差和高额的学费压力（谢钢等，2002），更容易出现自闭、自卑等心理问题，也因为缺少人际交往机会，还可能延伸出人际交往的困难（何志芳等，2011）。第二，家庭教育相对不足。家庭环境对人的影响相对较为深远，性格、为人处世方式等都会打上家庭的烙印，农村家庭受到自身发展的制约，给农村大学生的角色扮演带来缺憾，使得他们在面临生活方式、思维方式和价值观念的差异时，很难较好地应对（张向东等，2011）。第三，学习压力较大。受到城乡差距的影响，农村地区义务教育阶段和高中阶段的教育水平很难媲美城市，大多数农村大学生都是依靠努力学习考上的大学，对学习能力的培养往往不足，因此进入大学后，面对灵活的学习方式，他们很多都难以适应，在大学这座象牙塔里，农村学生承载着家庭甚至家族的重任，这些压力都使得他们的大学生活并不快乐（伍安春等，2000；袁红清等，2013）。

本书接下来将以某高校学生 2005—2014 年数据为样本，通过断点回归方法，分析当今大学生的在校生活现状，集中探讨 2010 年新课程改革对农村学生的影响以及现代大学如何才能为这些"寒门贵子"提供更好的生活、学习环境。

3.3 模型构建

在随机抽样情况下，可以使用 OLS 方法通过方程（1）估计 2010 年新课程改革对变量 Y_i 的影响。

$$Y_i = \alpha + \beta X_i + \mu_i \tag{1}$$

其中，Y_i 是结果变量，X_i 表示是否进行了 2010 年的新课程改革（$X_i=1$，表示进行了改革；反之，没有），下标 i 表示第 i 个受访者样本。不过我国实行新课程改革的时间是有差异的，被访者在高考是否参与了课程改革还受到个体特征和地区特征等的影响，很难说是随机抽样样本。如果能够控制同时影响 Y_i 和 X_i 的变量 Z_i，就可以通过估计方程（2）来识别因果效应：

$$Y_i = \alpha + \beta X_i + Z_i + \mu_i \tag{2}$$

在实际的数据收集过程中，由于受到数据的可获得性和现实的可操作性等影响，很难收集到全部的数据，总是会存在一定的遗漏变量问题。为了正确估计政策影响效果，克服因遗漏变量产生的内生性问题，本书将采用断点回归（RD）方法进行回归分析。

其实在因果分析的实证方法中，随机试验是最优的选择，只是往往要负担高昂的时间成本和经济成本，即使这样还是会因为数据的可得性等因素，使得随机试验无法正常进行，这时断点回归便是次优选择（余静文等，2011）。断点回归是一种拟随机试验，接受处置的概率需要是一个或者几个变量的间断函数，通过模拟随机试验，断点回归可以有效避免参数估计的内生性问题，有效反映出变量之间的真实因果关系（Lee，2008）。对断点回归方法研究最早的是心理学家 Campbell，他和 Thistletwaite 在1960 年合著了第一篇关于断点回归的论文，发现断点回归可以有效处理非试验情况下的处置效应问题，当时主要用于解决心理学和教学问题，其他研究领域的应用还很少。1963 年，Campbell 等（1963）才明确给出了断点回归的概念和内涵，但仍然无法从数理上进行有效的证明。在 20 世纪 80 年代以前，Campbell 关于断点回归的研究一直没有中断，只是他们的研究始终停留在直觉上，缺乏严密的证明。Rubin（1977）和 Sacks 等（1978）倒是给出了一些粗略的证明，表明断点回归可以在关键变量的一定范围内得到无偏的因果关系，只是应用仍然有限。断点回归真正地被发扬光大源自 Hahn 等（2001）的严格理论证明，他们给出了断点回归模型识别和模型估计的有效论证，并提出了相应的模型估计方法，使得断点回归可以有效应用在经济学中。近年来，断点回归在劳动和教育经济学领域的应用已经十分普遍（Angrist 等，1999；Black, 1999；Hoxby, 2000；Chiang, 2009；Clark, 2009），迎来了较好的发展机会。

在使用断点回归方法时，我们需要厘清相应的制度特点或者政策规制，并由此决定研究个体是否受到处理还是部分受到处理。在本研究中，我们对比的是 2010 年前后新课改对农村学员的影响：

$$X_i = \begin{cases} 1 \, if \, Z_i \geqslant 2010 \\ 0 \, if \, Z_i < 2010 \end{cases} \tag{3}$$

其中，X_i 为处理状态变量，表示是否受到新课程改革的影响，Z_i 表示是否为 2010 年以后进入大学，可以决定 X_i。X_i 是一个非连续变量，这一点我们也可以从图 3-6 中看出来，这时我们就可以使用方程（4）进行 OLS 估计、Probit 估计和 Logit 估计，从而得出新课改对农村学员的影响：

$$Y_i=\alpha+\beta X_i+Z_i+\mu_i \tag{4}$$

在实证模型中，（3）式成立的条件十分严格，X_i 虽然是 Z_i 的非连续函数，不过在断点处不一定是 $0\sim1$ 变化，可能只是增大了 X_i 取值为 1 的概率，即 X_i 和 Z_i 存在函数关系：

$$P[D_i|Z_i]=\begin{cases} P_1\{Z_i\}\ if\ Z_i\geqslant 2010,\ P_1\ (Z_i)\ \neq P_0\ (Z_i) \\ P_0\{Z_i\}\ if\ Z_i\geqslant 2010 \end{cases} \tag{5}$$

我国的新课程改革从 2004 年就已经开始实施，只是在各地试点以后才开始在全国推广，2010 年在全国绝大部分省份开始大面积推广，北京地区也是这时开始的，不过也有少数地区到 2012 年才真正在教材、配套、政策等方面按照改革要求进行了调整，这从图 3-6 农村学生入学比例中可以看出一点端倪，由于新课程改革更加强调素质教育和综合能力，而农村学员既没有经济条件也没有现实环境去适应课程改革的新要求，所以在新课程改革以后处于明显的劣势地位。其实，在 2004 年选取改革试点以后，2007 年相应的高考政策、题目等才配套上来，2010 年以前都在调整，2010 年以后随着各项改革政策、配套的落实，农村学员的劣势明显突出出来了，相应的表现就是入学率出现坍塌式下降。整体而言，我们仍然可以采用方程（5）的设定，并假设 $P_1\{Z_i\}>P_0\{Z_i\}$，即 2010 年以后实行新课程改革的概率大于 2010 年新课程改革的概率，并且 2010 年以后对农村学员的影响效果更大。这样的设定将更加符合政策含义和现实情况，这样方程（5）的回归也就成了模糊的断点回归。

模糊的断点回归可以通过两阶段最小二乘回归方法实现，这就相当于进行了一次工具变量回归（Cook，2008；Angrist 等，2008）。此时的一阶回归方程就可以表示为：

$$X_i = \delta + \theta T_i + f(Z_i) + \varepsilon_i \tag{6}$$

其中，$T_i = 1(Z_i \geq 2010)$ 是 X_i 的工具变量。二阶回归方程则设定为：

$$Y_i = \alpha + \beta X_i + f(Z_i) + \mu_i \tag{7}$$

非参数工具变量回归方法和两阶段最小二乘回归方法都可以实现模糊断点回归估计，两者是等价的（Hahn 等，2001），本书选取了两阶段最小二乘回归方法进行模糊断点回归估计。

3.4 变量解释及数据分析

3.4.1 数据介绍及基本统计结果

本书的数据来自某高校 2005—2014 年的学生成绩统计结果，共 14914 个数据，详细记录了这 10 年间入学本科大学生的高考分数、入学后各科成绩和户籍状况等个人信息。在 750 分的总成绩中，该高校学生可以得到 592 分的平均分，在全国各高校排名中比较靠前，在农业类高院中排名第一。该高校是一所综合类院校，生命科学、农业科学和农学等理工专业为优势学科，在所有学生中，62.3% 的学生为理科生，37.7% 的学生为文科生，是一所典型的理科综合类高校。与一般理科高校不同，该校学生中男生略微少于女生，男生只占到学生总数的 46.8%，这是因为自 1980 年计划生育政策实施以来，大多数家庭尤其是城市家庭只能有一个小孩，家庭资源集中于一个小孩身上，这时男生和女生获得了相同的发展机会，与以往"重男轻女"的家庭发展思路相比，女生将获得更好的发展机会，再加上女生发育早于男生，懂事较早，所以有了在一个理科高校里女生多于男生的局面。rd1 表示 2010 年以后的招生人数比例，2010 年是北京地区实行新课改的第一年，为了更好地研究新课改对农村生源的影响，本书将使用断点回归方法，在所有样本中，2010年以后入学的学生占43%，农村学员占30.2%。

表 3-1　描述性统计分析

变量表示	变量名称	变量数	均值	方差
gkscore	高考分数	14,914	592	29.26
male	如果性别男性，male=1；否则，male=0	14,914	0.468	0.499
rd1	在2010年以前入学，rd1=0；否则，rd1=1	14,914	0.43	0.495
gkt8	理科生	14,914	0.623	0.485
rural	农村学员比例	14,914	0.302	0.459

数据来源：某高校学术数据

3.4.2 数据统计分析

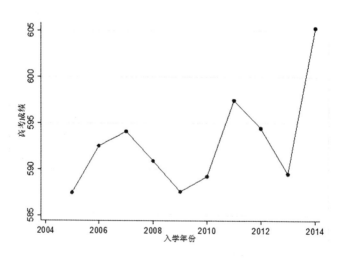

图 3-1　入学年份与高考成绩

数据来源：某高校学术数据

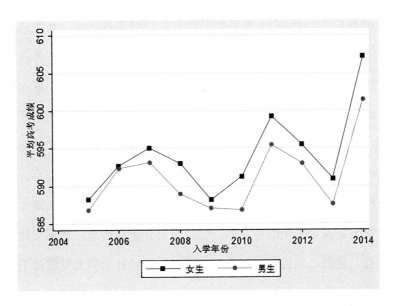

图 3-2　每年男女生平均高考成绩
数据来源：某高校学术数据

随着国内外知名度的不断提高和农业类院校在考生中受到青睐，该高校对高考考生的吸引力不断增强，已录取学生的平均高考成绩在稳步提升。这一方面得益于该校是农业类院校的最高学府，拥有全国最好的农业类专业师资力量和硬件设施，另一方面得益于国家对农业类院校的重视日益提升，将发展农业作为经济发展和社会进步的重要抓手。因此，报考该大学的学员人数逐渐增加，学员质量有所提高。另外，在我国国民经济发展的同时，城乡居民收入增长迅速，家庭财富不断累积，用于子女教育的经济开支持续增长。受到家庭重视和学习条件改善的刺激，学生的学习能力和动力也日益增强，高考考生分数也在增加，所以我们看到该校的平均高考成绩虽然有所波动，但整体具有明显的上升趋势。

在已经录取的学生中，男女学生学习成绩差距较大，而且还有继续扩大的趋势。从图 3-2 可以看出，男女成绩差距在 2006 年最小，基本一致，其后就一直扩大，到2014年男女平均分差已经超过5分，女生学习成绩优势十分明显。女生高考成绩围绕595分上下波动，男生高考成绩围绕590分上下波动。女生高考成绩高于男生与性别特质有关，一般而言女生比男生成熟早，性格特质比男生更易于养成，她们对知识的理解和把握更加深刻，学习也更加努力，在其他条件相同的情况下，高考成绩与学习时间呈正相关，因此女生学习成绩会好于男生。此外，1980年以后，我国实行了严格的计划生育政策，尤其是在城市地区，独生子女政策落实得十分严格。中国是儒家文化的发源地，受儒家思想影响较重，儒家文化思想中普遍含有一定的"重男轻女"思想，所以在古代社会男女发展极不平等，女性的发展受到诸多限制。在独生子女政策落实以后，家庭子女结构发生了较大改变，家里只有一个子女，家庭资源分配不再受"重男轻女"思想的影响，只能集中于已有的孩子身上，这就使得女孩享受到了比以往任何时候都多的家庭资源比例。因此，近年来女生的总体发展快于男生，大有赶超之势。体现在本书，就是女生的成绩高于男生。

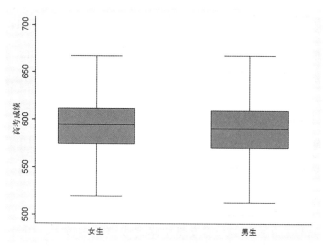

图 3-3 男女生高考成绩分布

数据来源：某高校学术数据

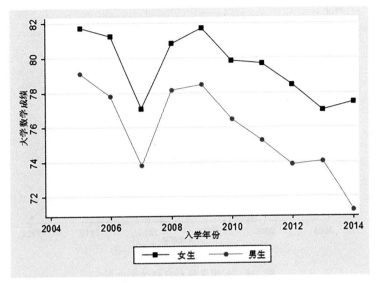

图 3-4 男女生大学数学成绩

数据来源：某高校学术数据

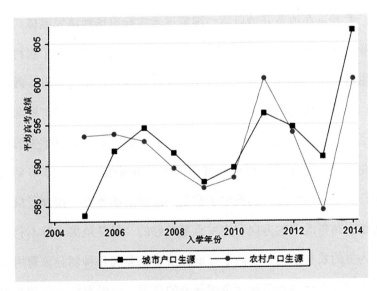

图 3-5 农村、城市学生平均高考成绩

数据来源：某高校学术数据

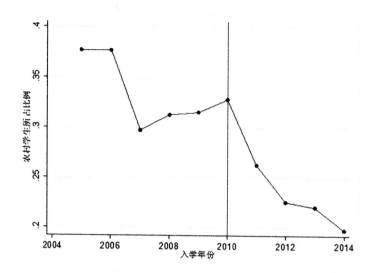

图 3-6　入学年份和农村学生比例

数据来源：某高校学术数据

　　自 1958 年《中华人民共和国户口登记条例》颁布以来，城乡差距逐渐拉大，尤其是在改革开放以后，国家逐步实行市场经济发展模式，为了帮助工业经济积累资本，不断从农村获取土地收益，既限制了农村经济的发展，也进一步加剧了城乡发展差距。在教育投资、学校建设、教师培养等方面，我国一直实行的是城市优先政策，进一步加大了教育资源的城乡差距。经过多年的发展，这些政策的副作用开始显现，农村学生的整体成绩尤其是语文、外语等文科成绩普遍低于城市学生。在 2010 年全国各地普遍实行了新课改以后，初高中学校更加注重素质教育，摒弃了只注重成绩的传统。高考改革的方向和出发点都是好的，只是结果十分不利于以努力学习为主的农村学生。受限于家庭经济状况差和各种辅导班费用昂贵，农村学生很难支付得起各种课余辅导班的费用，也没有机会在初高中阶段拓展自己的综合素质能力，使得农村学员很难适应 2010 年新课改以后的考试内容，在高考中处于劣势地位。

从图3-5已经录取的学生成绩来看，2007年之前入学的学生，农村学生成绩略高于城市学生，总体差距不大；从2007年开始除了2011年以外，城市学生的成绩普遍高于农村学生，从2012年开始这种差距还有拉大的趋势。图3-4显示的都是被录取的学生，在总体成绩方面差异不太大。从图3-6可以看出，近年来农村学生进入该高校的比例越来越低，从2005年的38%下降到了2010年的33%；在2010年新课改以后，农村学员比例更是急转直下，快速从2010年的33%下降到2014年的不足20%。从下降趋势来看，2010年之前农村学员的比例已经较低，不过下降速度较为平缓，有升有降，略显下降；2010年之后，农村学员的比例可以说是一泻千里，下降趋势十分惊人。如果没有更好的应对措施，该校农村学员的比例有可能进一步降低，情况十分危急。

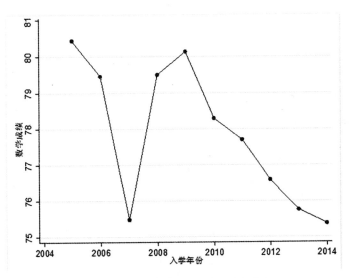

图 3-7　入学年份和大学数学成绩

数据来源：某高校学术数据

从前面可以看出，农村学员在高考中处于明显的劣势地位，那么入学以后，他们的学习又会怎样呢？数学是大部分学科的基础，其成绩大多与努力有关，而与素质教育相关性要小一些。因此，在本节中使用数学成绩作为切入点，探讨城乡学员在大学的学习情况。从图3-7可以看出，数学平均成绩存在明显的下降趋势。从图3-8可以看出，农村学员高出城市学员2分左右，这种优势十分稳定，在历届学员中，他们成绩的下降趋势都与图3-7所示相似，但不论成绩如何变化，他们的平行关系没有太大变化。图3-9所示的结果与图3-8的结果相互印证，从图3-9可以看出，随着农村学员数量的增加，整体数学成绩存在明显的上升趋势，在农村学员比例到达40%时，存在明显的断点，即当农村学员在40%以上时，总体成绩有一个不连续的上升过程。之所以如此，是因为农村学员普遍学习较为努力，他们用在学习上的时间更多，如果班级里具有一定比例的农村学员，有利于带动更多的学生学习，形成良好的学习氛围，从而促进数学成绩整体提升。

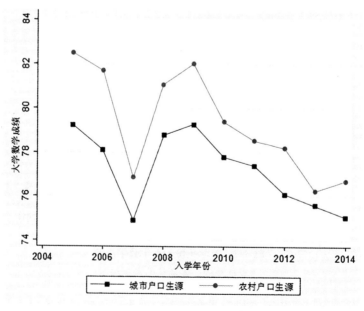

图 3-8　农村、城市学生的大学数学成绩
数据来源：某高校学术数据

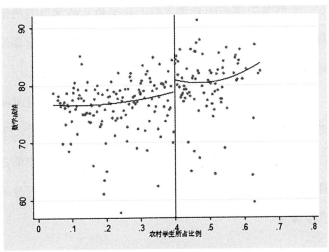

图 3-9　农村学生比例与数学成绩

数据来源：某高校学术数据

3.5 实证结果

表 3-2 估计了 2010 年教育改革对农村家庭学员的影响，从表中看出在新课改以后，农村学员的入学概率有了大幅度的下降，而且这种影响对农村女性尤其不利。这是因为 2010 年新课改更加注重学生综合素质的培养和个人能力的提高，考试涉及面更宽了。新课改的目的从长期和总体来看是好的，有助于学生知识面的拓展和学习负担的减轻，更加注重培养学生的业余爱好和兴趣点，使得学生尽快找到自己爱好的专业，形成自身的优势。只是这些改革对大部分的农村学员十分不利，受限于家庭经济状况和交际面，新课改中所涉及的新知识都没有出现在课本中，而农村学员很多都无法接触到这些知识点，尤其是某些自然科学实验类的题目，农村学员所在高中根本就没有条件做这些实验，所以他们往往在新增知识点中处于劣势地位。这也是图 3-6 中农村学员自新课改以后出现断崖式减少的原因。虽然新课程改革对男生不利，不过考虑到该校是一所以理工科见长的

高校，有 62.3% 的学生学习的是理工科，几乎是文科学员的两倍，而男生擅长理工科，女生更加擅长文科，所以我们可以看到相比新课改以前，农村男生相对比例更高了。

另外，rd2= rd1*(year-2010)，其系数为负，表明随着时间的推移，农村学员进入高校的概率将进一步下降，不过从其系数来看，下降的速度是降低的，这也与图 3-6 中直线斜率变缓相一致。在高考改革之后，农村考生不仅高考录取率降低了，高考成绩也下降了，这是课程改革对他们不利影响的直接体现。

表 3-2　初步回归结果的 OLS 模型

变量名称	+/-	+/-	+/-1	+/-1	+/-2	+/-2
rd1	-0.196***	-0.1805***	-0.0272*	-0.0006	-0.0803***	-0.0672***
	(0.0134)	(0.0121)	(0.0069)	(0.0059)	(0.0036)	(0.0055)
rd1*male		-0.0305**		-0.0580***		-0.0271
		(0.0116)		(0.0021)		(0.0162)
rd2	-0.0017*	-0.0019**	-0.0478***	-0.0195***	-0.0134***	-0.0146***
	(0.0008)	(0.0008)	(0.0042)	(0.0039)	(0.0006)	(0.0018)
rd2*male		0.0004		-0.0632***		0.0025
		(0.0005)		(0.0006)		(0.0043)
gkscore	-0.001***	-0.0008***	-0.0024**	-0.0025**	-0.0013*	-0.0013*
	(0.0002)	(0.0002)	(0.0005)	(0.0005)	(0.0005)	(0.0005)
male	0.0918***	0.1019***	0.0712**	0.1498***	0.0834***	0.0938***
	(0.0073)	(0.0091)	(0.0120)	(0.0080)	(0.0108)	(0.0121)

变量名称	+/-	+/-	+/-1	+/-1	+/-2	+/-2
Constant	0.7602***	0.7597***	1.6384**	1.6107**	1.0090**	0.9992**
	(0.1211)	(0.1223)	(0.2839)	(0.2908)	(0.2724)	(0.2785)
Observations	14,912	14,912	5,129	5,129	8,463	8,463
R-squared	0.1033	0.1036	0.0939	0.0948	0.0974	0.0976
Province FE	YES	YES	YES	YES	YES	YES
Year FE	Yes	Yes	Yes	Yes	Yes	Yes
GAOKAO type	Yes	Yes	Yes	Yes	Yes	Yes

Robust standard errors in parentheses; *** p<0.01, ** p<0.05, * p<0.1

数据来源：某高校学术数据

表3-3　初步回归结果的 Probit 模型

变量名称	+/-	+/-	+/-1	+/-1	+/-2	+/-2
rd1	-1.0570***	-1.016***	-0.142***	-0.0077	-0.4373***	-0.381***
	(0.0856)	(0.0807)	(0.0353)	(0.0317)	(0.0269)	(0.0221)
rd1male		-0.0953		-0.2665***		-0.0961
		(0.0647)		(0.0136)		(0.0741)
rd2	-0.0091**	-0.0098**	-0.24***	-0.1040***	-0.0777***	-0.093***
	(0.0045)	(0.0044)	(0.0196)	(0.0193)	(0.0034)	(0.0078)
rd2male		0.0006		-0.2762***		0.0307*
		(0.0027)		(0.0020)		(0.0174)
gkscore	-0.0050***	-0.005***	-0.013***	-0.0131***	-0.0070***	-0.007***
	(0.0009)	(0.0009)	(0.0027)	(0.0027)	(0.0027)	(0.0027)

变量名称	+/-	+/-	+/-1	+/-1	+/-2	+/-2
male	0.4741***	0.5079***	0.3641***	0.7115***	0.4411***	0.4364***
	(0.0359)	(0.0544)	(0.0494)	(0.0402)	(0.0558)	(0.0484)
Constant	1.8194***	1.8171***	6.1581***	6.0349***	2.8203*	2.8067*
	(0.5263)	(0.5338)	(1.5643)	(1.5852)	(1.5564)	(1.5652)
Observations	14,908	14,908	5,129	5,129	8,461	8,461
Province FE	YES	YES	YES	YES	YES	YES
Year FE	Yes	Yes	Yes	Yes	Yes	Yes
GAOKAO type	Yes	Yes	Yes	Yes	Yes	Yes

Robust standard errors in parentheses; *** p<0.01, ** p<0.05, * p<0.1

数据来源：某高校学术数据

表 3-4　初步回归结果的 Logit 模型

变量名称	+/-	+/-	+/-1	+/-1	+/-2	+/-2
rd1	-0.657***	-0.629***	-0.0865***	-0.0085	-0.2592***	-0.2251***
	(0.0498)	(0.0471)	(0.0268)	(0.0257)	(0.0129)	(0.0121)
rd1male		-0.0611		-0.1614***		-0.0608
		(0.0379)		(0.0044)		(0.0446)
rd2	-0.008***	-0.008***	-0.1408***	-0.0583***	-0.0462***	-0.0543***
	(0.0027)	(0.0027)	(0.0171)	(0.0179)	(0.0016)	(0.0047)
rd2male		0.0010		-0.1739***		0.0171
		(0.0017)		(0.0022)		(0.0115)
gkscore	-0.003***	-0.003***	-0.0079***	-0.0079***	-0.0042***	-0.0042***
	(0.0006)	(0.0006)	(0.0017)	(0.0016)	(0.0016)	(0.0016)

变量名称	+/-	+/-	+/-1	+/-1	+/-2	+/-2
male	0.2801***	0.2972***	0.2107***	0.4262***	0.2564***	0.2575***
	(0.0222)	(0.0324)	(0.0318)	(0.0174)	(0.0341)	(0.0307)
Constant	1.1025***	1.1016***	3.7495***	3.6787***	1.7081*	1.6934*
	(0.3355)	(0.3391)	(0.9574)	(0.9700)	(0.9106)	(0.9200)
Observations	14,908	14,908	5,129	5,129	8,461	8,461
Province FE	YES	YES	YES	YES	YES	YES
Year FE	Yes	Yes	Yes	Yes	Yes	Yes
GAOKAO type	Yes	Yes	Yes	Yes	Yes	Yes

Robust standard errors in parentheses; *** p<0.01, ** p<0.05, * p<0.1
数据来源：某高校学术数据

3.6 进一步的回归分析

为了有效减少因为遗漏变量而产生的内生性问题，我们使用两阶段回归方法继续研究。在此基础上，本书还将按照文理科学生的差异研究新课改的影响，分析在重点理科院校中，考察新课改对不同学科学员的影响。

1. 进一步的回归分析及其解释

在表3-5中，很多系数的变化前文已经讲过，这里不再重复。我们可以看出，性别差异在二阶段回归中明显增大了，也就是说如果一个该高校的学生是男生，那么这个男生来自农村的概率增大了。出现这种情况的原因主要在于"重男轻女"的思想在农村地区更加盛行。在计划生育政策实施以后，城市地区人口控制相对比较成功，在只有一个子女的情况下，家庭优质资源往往集中在家庭唯一的孩子身上，而不管这个孩子的性别。但是农村的情况则略有不同，在大部分农村地区尤其是贫困的农村地区，由于男性更适合土地对劳动力的需求，再加上受到传统男尊女卑思想的影响，农村家庭往往会要更多的小孩，并把主要的家庭资源集中在男生的教育上，而女生则要承担大量的家庭劳动和土地劳动，从而与男生相比，失去了与男生竞争的平台。所以相比于农村女孩而言，农村男孩上大学的机会更大一些。这表明在现代教育中，不仅存在城乡差异，还存在较为严重的性别差异，只是这种性别差异在城市地区表现不太明显，在农村地区影响较大，农村女孩承担了这些差异带来的所有不利影响。

表 3-5　进一步的回归分析

变量名称	2sls_full	2sls_probit	2sls_logit
rd1	-0.1944***	-0.6313***	-1.0734***
	(0.0061)	(0.0207)	(0.0385)
rd1*male	-0.0303**	-0.0609	-0.0950
	(0.0122)	(0.0398)	(0.0667)
rd2	-0.0028***	-0.0092***	-0.0152***
	(0.0002)	(0.0007)	(0.0013)
rd2*male	0.0004	0.0010	0.0006
	(0.0006)	(0.0018)	(0.0029)
gks_hat	-0.0005***	-0.0028***	-0.0039***
	(0.0001)	(0.0006)	(0.0009)
male	0.1030***	0.2971***	0.5104***
	(0.0095)	(0.0338)	(0.0559)

变量名称	2sls_full	2sls_probit	2sls_logit
Constant	0.5787***	1.0473***	1.2296**
	(0.0938)	(0.3915)	(0.5977)
Observations	14,912	14,908	14,908
R-squared	0.1018		
Province FE	YES	YES	YES
Year FE	Yes	Yes	Yes
GAOKAO type	Yes	Yes	Yes

Robust standard errors in parentheses; *** p<0.01, ** p<0.05, * p<0.1

数据来源：某高校学术数据

2. 理科生进一步的回归分析及其解释

从表3-6可以看出，新课程改革虽然对理科生也有不利影响，但总体而言，影响已经减少了很多。这与国家的学科建设规划有关，也与国家更加需要理科人才、重视理科投入有关。在理科学习中，国家对书本中的相关实验有明确的规定，相应的初高中学校必须为学生提供条件完成相关实验，而且国家还给予农村及偏远地区高校相应的教学设施设备、材料等补贴，努力创造条件帮助农村学员完成相关实验工作。因此，对于农村及贫困地区的理科生而言，虽然在师资力量、进一步的实验条件方面与城市学员有一定的差距，但是基本实验条件是得到国家财政支持补贴的，是可以保证顺利完成的，所以同等条件下农村理科学员受到新课程改革的影响较小。

表 3-6 理科生的进一步回归分析

变量名称	2sls_stem	2sls_stem_probit	2sls_stem_logit
rd1	-0.0794***	-0.2716***	-0.4573***
	(0.0067)	(0.0281)	(0.0491)
rd1*male	-0.0277*	-0.0671	-0.1077
	(0.0132)	(0.0542)	(0.0927)
rd2	-0.0009***	-0.0033**	-0.0045**
	(0.0002)	(0.0013)	(0.0021)
rd2*male	0.0014*	0.0053*	0.0079
	(0.0008)	(0.0029)	(0.0049)
gks_hat	-0.0014***	-0.0073***	-0.0109***
	(0.0001)	(0.0003)	(0.0004)
male	0.0867***	0.2602***	0.4589***
	(0.0114)	(0.0454)	(0.0746)
Constant	0.9472***	3.0322***	4.2683***
	(0.0489)	(0.1577)	(0.2930)
Observations	9,287	9,208	9,208
R-squared	0.1055		
Province FE	YES	YES	YES
Year FE	Yes	Yes	Yes

Robust standard errors in parentheses; *** p<0.01, ** p<0.05, * p<0.1
数据来源：某高校学术数据

3. 文科生进一步的回归分析及其解释

如表 3-7 所示，文科生在新课程改革中受到的不利影响较大，这一影响持续时间也更长。可以明显看出新课改对文科生的影响大于对理科生的影响，这还是与学科建设和国家教育投入有关。新课改对农村学员学科差异的影响主要与教育资源配给不公平有关。受到城乡差别影响，我国农村人口占比为65%，是城市人口的近两倍，农村适龄受教育者也远远超过城市适龄受教育者的人数，然而农村教育资源却较为匮乏，尤其是美术、声乐、才艺等文科类课程，大范围存在没有专业教师、学生买不起课堂材料等令人寒心的现象。同时，国家对于文科生的相应补贴较少，大部分材料都需要自费，而且存在较多的代课教师现象，没有专业的教师。因此，在更加注重学生综合发展的新课程改革出台后，农村文科学员受到了更多不利的影响。

表 3-7　文科生的进一步回归分析

变量名称	2sls_nstem	2sls_nstem_probit	2sls_nstem_logit
rd1	−0.2030*	−0.9318***	−1.5501***
	(0.1001)	(0.0419)	(0.0661)
rd1male	−0.0299	−0.0479	−0.0689
	(0.0211)	(0.0550)	(0.0921)
rd2	−0.0006	−0.0181***	−0.0302***
	(0.0061)	(0.0016)	(0.0026)
rd2male	−0.0015	−0.0040*	−0.0068**
	(0.0009)	(0.0021)	(0.0032)
gks_hat	−0.0003	0.0051***	0.0081***
	(0.0026)	(0.0006)	(0.0008)

变量名称	2sls_nstem	2sls_nstem_probit	2sls_nstem_logit
male	0.1216***	0.3470***	0.5672***
	(0.0126)	(0.0276)	(0.0478)
Constant	0.4265	-2.7601***	-4.3457***
	(1.3629)	(0.3590)	(0.4254)
Observations	5,625	5,621	5,621
R-squared	0.0837		
Province FE	YES	YES	YES
Year FE	Yes	Yes	Yes

Robust standard errors in parentheses; *** p<0.01, ** p<0.05, * p<0.1
数据来源：某高校学术数据

通过表 3-6 和表 3-7 的分析可以知道，国家教育投资和资源配置情况对学生有重要影响。城乡教育差别的根本原因在于教育投入状况的差异，由于我国存在城乡二元结构差异，农村地区经济状况相对较差，私人教育投入严重不足，农村地区对财政教育公共投资的依赖性会更大。当教育投入较高时，教育不平等在城乡之间可以得到有效缓解。在新课程改革对学术综合素质要求较高的情况下，农村文科生受到的不利影响较大，农村理科生受到的影响较小。这主要是国家教育投入差异造成的结果，同时也为国家相应的政策改革提供了参考，即加大农村教育投入，平衡城乡差距，可以有效降低城乡之间的教育不平等。

4. 城乡学生比例问题

表 3-8　城乡学生最优比例检验

变量名称	数学	主干课
最优比例	0.6	0.6
断点回归检测值	-3.3529***	-3.3529***
	(1.1076)	(1.1076)
观察数	14,831	14,831

Robust standard errors in parentheses；*** p<0.01, ** p<0.05, * p<0.1

数据来源：某高校学术数据

在著名学府中农村学生比例下降是典型的教育不公平的结果，不仅不利于农村学生的发展，对城市学生的学习也十分不利。在表 3-8 中可以看出，当城市学员的比例上升到 60% 时，学生的数学课和主干课成绩都会出现下滑的趋势，这表明学生成绩与城乡学生比例有重要关系，班级适当比例的城乡学生搭配可以有效促进学生的学习积极性，帮助他们获取更好的成绩。一般而言，农村学生学习比较认真，他们的学习劲头可以带动城市学生好好学习，为班级创造良好的学习氛围，从而提升学生整体成绩。

3.7 本章小结

新课程改革对农村学员十分不利，降低了他们进入优质大学的可能性。新课程改革更加注重素质教育，有利于增强学生兴趣爱好的培养，但同时也对学校的师资力量、硬件设施等提出了更高的要求。由于城乡二元结构还没有从根本上得以破除，农村地区或者贫困地区的小学和中学很难满足这些要求，其学生也输在了起跑线上，致使新课程改革以后，农村学员的相对成绩明显下降，进入优质高等大学的困难增加了，"寒门将难出贵子"。

农村地区仍然存在"重男轻女"的现象，在教育方面尤为突出。在新课程改革以后，农村家庭将更多的教育资源集中于男孩身上，使得农村男孩受到的影响小于女孩，因此处于不利地位的农村女孩，将面临更加不利的求学环境。而且农村地区的教育受到国家教育支出的影响较大，理工科在基本实验环境得到保障的条件下，受到新课程改革的影响较小，文科学生在没有进一步保障的情况下，受到的冲击明显更大。

　　班级需要一定的城乡学员比例，比例失衡时，对双方都十分不利。农村学员学习比较努力，投入在课本和课堂上的时间较多，城市学员学习能力较强，综合素质发展更加全面，城乡学员结合可以取得更好的学习效果，因此在招生中应该考虑到适当的城乡学员比例，防止农村学员数量的锐减。

第四章　社会流动性变化及其原因探究

社会流动性是支撑经济发展的制度基础，是我国进行体制改革和市场改革的加速剂，也是我国社会结构合理、人才充分流动的基本保障（厉以宁，2003；唐世平，2006；蔡洪滨，2011）。只有保持社会充分的流动性，才能激发社会发展的活力、维护社会主义的公平正义、为新时期我国经济转型和长期发展打下坚实的基础（阳义南等，2015），有效提升整体人力资本水平，为经济增长提供充足的人才资源，有效避免在未来五年中陷入中等收入国家陷阱（王学龙等，2015）。充分的社会流动性不仅可以促进地区、行业之间的人才交流，为地区、企业发展提供合适的人力资源，还可以激发各阶层居民的斗志和进取心，有利于个人社会地位的上升和收入水平的提高，为个人发展提供良好的宏观环境。此外，充足的社会流动性既意味着更多的发展机会，也预示着发展机会的平等（杨瑞龙等，2010），对社会流动性的研究可以为众多的社会热点问题提供决策建议，例如社会公平、男女平等、"剩男剩女"问题等。因此，在开始研究之前我们首先要测量社会流动性的大小，为接下来的分析做铺垫。

社会流动性有多种测量方法。在 Sorokin（1927）对社会流动性的定义中，明确认为社会流动性是从一个社会阶层到另一个社会阶层的变化，主要测量方式就是人们社会职业的变化。Lipset 等（1959）最早开创了职业流动表的定量研究方法，并成功应用在了宏观经济研究之中。通过职业变化不仅可以挖掘静态的社会分层，还可以分析社会不同层次之间的社会流动性，有效检测社会职业在代际之间动态的变化（吴忠民等，1998；阳义南等，2015）。关于收入流动性的研究主要起源于 Becker 等的人力资本理论，他们研究的重点在于代内收入不平等和代际收入不平等，没有太多关注人们社会地位的变化。我国早期属于计划经济，现在还处于向市场经济过渡的阶段，很多东西不能通过收入来衡量，所以在本书研究中，我们选择了职业流动性。

4.1 宏观背景分析

为了更好地理解本章中社会流动性的整体变化、城乡差异、性别差异等特点，在对 CGSS 数据分析之前，本书将先对国家宏观经济环境进行分析，找出城乡二元结构差异的演化及影响、教育水平变化和人口结构的发展，力图为下文的实证分析做好铺垫。

4.1.1 城乡二元结构差异

1. 户籍制度的历史演变

户籍制度也称为户口制度，主要是通过政府机构对居民的户口进行登记、申报并根据一定原则进行分类和编制以后进行统一管理的制度，是国家贯彻法律、落实行政权力、进行经济统筹的重要途径。这一制度起源于西周，初成于秦朝，经过三国两晋南北朝时期的发展，在隋唐时期趋于完备。出于制度的稳定性强、管理方便的考虑，在历代都有沿用。新中国成立以后，我国的人口管理方针都与户籍制度密切相关，而这项制度的最大特点就是根据地域和家庭成员关系划分为农业户口和非农业户口，这种人为划分的城乡二元户籍制度对城市和农村进行了严格的隔离，是对公民身份的一种不平等界定，带有较强的歧视性，对农民的生活、工作、学习等各方面都会产生较大的不利影响。一方面，城乡户籍制度将农村居民紧紧限制在了农村地区，无法实现城乡的流动；另一方面导致了不平等的城乡利益分配，社会保障、医疗、就业等民生大事都与户口挂钩，人为地制造了不平等的发展机会，不仅加大了社会收入不平等的程度，还阻碍了社会流动性的上升，剥夺了农村居民向上流动的通道。我国的户籍制度究竟是如何一步步建立起来的，这些变化究竟有哪些影响呢？下面将进行分析。

1950 年 8 月，为了维护新中国的安定，打击各种不稳定分子对国家的破坏，公安系统在内部颁发了《特种人口管理暂行办法（草案）》，首次登记了重点人口的个人信息，为以后的户籍制度落实做好了铺垫，是我国户籍制度的起点。1951 年 7 月，公安部制定并颁布了《城市户口管理暂行条例》，是我国最早的一部户籍法规，将户籍制度上升到了立法的层面，为户籍制度在整个国家的实施提供了立法保障。1954 年 9 月颁布的《中华人民共和国宪法》虽然规定公民有"迁徙和居住的自由"，但并没有得到落实，在 1955 年 6 月国务院颁布《关于建立经常户口登记制度的指示》并开始登记城市、集镇、乡村的户口以后，1956 年和 1957 年连续颁布多个限制农民流入城市的文件，使得宪法中赋予公民的"迁徙和居住的自由"彻底无法实现。1958 年 1 月颁布的《中华人民共和国户口登记条例》是我国对人口自由流动实行严格管制的重要标志，并第一次明确提出了"农业户口"和"非农业户口"的概念，从法律上废弃了 1954 年宪法中关于"迁徙自由"的规定，是我国城乡二元结构发展模式开始的标志。1975 年 1 月，正处于"文革"时期的中国颁布了新的《中华人民共和国宪法》，从最高立法的层面废除了"迁徙自由"的规定，在 1978 年和 1982 年的两部宪法里也没有再次恢复。改革开放以后，出于推动经济发展、提高居民民主自由的考虑,1984年10月国务院发布了《关于农民进入集镇落户问题的通知》,在农民自带口粮的情况下,可以酌情考虑在集镇落户的问题。1985年7月,颁布了《关于城镇人口管理的暂行规定》,明确了"农转非"每年万分之二的内部指标,从此拉开了户籍制度在市场经济条件下改革的序幕。1997年6月,公安部在《小城镇户籍管理制度改革试点方案和关于完善农村户籍管理制度的意见》中明确规定,在城镇务工或从事管理工作的部分农村籍居民,在符合一定条件下,可以办理城镇常住户口,为农村籍居民在城市工作、居住等提供了便利,在一定程度上放开了迁徙限制的规定。1998年7月,公安部在《关于解决当前户口管理工作中几个突出问题的意见》中提出了农村居民取得城市户口的条件,为城乡之间户籍的相对流动提供了依据,使得城乡之间人口流动有了通道,为城市建设和经济市场化改革提供了劳动力保障,是经济发展的重要成果。2001年3月,公安部在《关于推进小城镇户籍管理制度改革的意见》中废除了"农转非"每年万分之二指标的规定,从而开启了我国城乡居民快速流动的步伐。近年来,上海、广州、北京分别开始了城镇一体化的实验和落实,对城乡户籍制度的取消进行了试点,广东已经于2011年率先实施了积分制入户政策,并取消了"农业户口"和"非农业户口"的登记模式,统一换上了"居民户口",真正拉开了"户籍一元化"的改革大幕。

表 4-1　我国城乡二元结构的政策历程

时间	法规	主要内容
1950 年 8 月	《特种人口管理暂行办法（草案）》	首次登记了重点人口的个人信息，为以后的户籍制度落实做好了铺垫，是我国户籍制度的起点
1951 年 7 月	《城市户口管理暂行条例》	我国最早的一部户籍法规，将户籍制度上升到了立法的层面，为户籍制度在整个国家的实施提供了立法保障
1954 年 9 月	《中华人民共和国宪法》	虽然规定公民有"迁徙和居住的自由"，但并没有得到落实
1955 年 6 月	《关于建立经常户口登记制度的指示》	开始登记城市、集镇、乡村的户口以后，1956 年和 1957 年连续颁布多个限制农民流入城市的文件，使得宪法中赋予公民的"迁徙和居住的自由"彻底无法实现
1958 年 1 月	《中华人民共和国户口登记条例》	对人口自由流动实行严格管制的重要标志，第一次明确提出"农业户口"和"非农业户口"概念
1975 年 1 月	《中华人民共和国宪法》	从最高立法的层面废除了"迁徙自由"的规定
1984 年 10 月	《关于农民进入集镇落户问题的通知》	在农民自带口粮的情况下，可以酌情考虑在集镇落户的问题
1985 年 7 月	《关于城镇人口管理的暂行规定》	明确了"农转非"每年万分之二的内部指标，从此拉开了户籍制度在市场经济条件下改革的序幕
1997 年 6 月	《小城镇户籍管理制度改革试点方案和关于完善农村户籍管理制度的意见》	在城镇务工或从事管理工作的部分农村籍居民，在符合一定条件下，可以办理城镇常住户口
1998 年 7 月	《关于解决当前户口管理工作中几个突出问题的意见》	提出了农村居民取得城市户口的条件，为城乡之间户籍的相对流动提供了依据
2001 年 3 月	《关于推进小城镇户籍管理制度改革的意见》	废除了"农转非"每年万分之二指标的规定，从而开启了我国城乡居民快速流动的步伐

户籍制度在我国已经实施了半个多世纪，深入城乡居民生活、工作的各个细节，对经济发展、城乡收入差距等产生了重要影响，接下来我们着重从经济层面分析这一影响。

2. 城乡巨大差异

由于我国实行城乡二元发展模式，农村地区以发展种植业为主，而农产品价格国际市场的走低，使得农民收入提高空间有限，种植业收入水平已经触及天花板；城市地区以发展工业、服务业为主，是未来国民经济发展的方向和基础，在新科技行业日新月异的情况下，工业和服务业的盈利水平和发展潜力与种植业不可同日而语，使得第二、三产业工人的工资水平远高于农业种植业的收入水平。从图 4-1 可以看出，城乡居民收入差距巨大，从绝对值来看，拉大的趋势十分明显，从 2006 年到 2012 年，农村居民收入水平从 3587 元增至 7916.6 元，增加了 4329.6 元，增长了 2.21 倍；城镇居民收入水平从 11759.5 元增至 24564.7 元，增加了 12805.2 元，增长了 2.09 倍；城乡居民收入差距也从 2006 年的 8172.5 元增至 2012 年的 16648.1 元，收入差距扩大了一倍多。从收入水平增长速度来看，2009 年以后农村地区略快于城市地区，不过差距不大，由于收入水平基数差距加大，农村地区收入增长水平的绝对值仍然远远小于城市地区，收入水平差距仍在扩大。

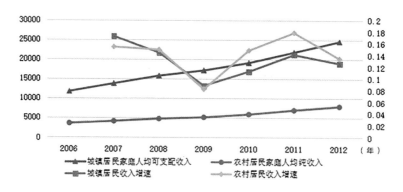

图 4-1　城乡居民收入差距及其变化（单位 / 元）

数据来源：国家统计局

在国民经济快速发展的推动下，城乡居民收入都有较大的提高，城镇居民家庭人均可支配收入指数从 2006 年的 670.7 增至 2012 年的 1146.7，农村居民家庭人均可支配收入指数从 2006 年的 670.7 增至 2012 年的 1176.9，各自增长了近一倍。在收入水平快速增长的同时，城镇居民收入差距也在拉大。城镇居民的恩格尔系数从 2006 年的 35.8% 增至 36.2%，在收入水平增长的情况下，收入差距绝对值在迅速扩大，这可能是因为随着科技水平进步和社会分工细化，工作的专业性水平要求越来越高，相对工资水平差距也较大，而且在我国城镇化水平扩大的情况下，越来越多的农村居民进入城市，他们往往从事体力劳动，这些工作技术要求较低、工资较少，与从事白领或蓝领工作的职员工资差距较大。农村居民家庭恩格尔系数从 2006 年的 43% 下降到 39.3%，这是因为我国越来越重视"三农"问题，将提升农民收入和保障水平放在重要位置，农民收入整体进入快速渠道，尤其是社会保障、医疗保障不断完善，农民的收入来源不断增加，重大疾病得到保障，这时其健康水平和收入水平在扩大的同时，收入差距也有所降低。

表 4-2 城乡居民家庭收入及恩格尔系数

指标	2006	2007	2008	2009	2010	2011	2012
城镇居民家庭人均可支配收入指数（1978=100）	670.7	752.5	815.7	895.4	965.2	1046.3	1146.7
农村居民家庭人均可支配收入指数（1978=100）	670.7	734.4	793.2	860.6	954.4	1063.2	1176.9
城镇居民家庭恩格尔系数（%）	35.8	36.3	37.9	36.5	35.7	36.3	36.2
农村居民家庭恩格尔系数（%）	43	43.1	43.7	41	41.1	40.4	39.3

注：2013 年以前城乡居民收支数据来源于分别开展的城镇住户抽样调查和农村住户抽样调查；数据来源：国家统计局。

为了更好地了解收入差距情况，先来看一下城乡居民收入储蓄情况。从2006年至2014年，城乡居民储蓄存款由16.16万亿元增至48.53万亿元，增长了3倍，城乡居民储蓄存款年均增加3.82万亿元，按照线性趋势增加。从存款增加额来看，增长波动较大，但增加额的增长趋势明显，在居民城乡收入水平提高的带动下，居民储蓄还将保持中长期的增长。

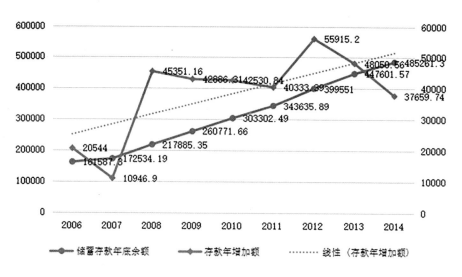

图4-2　城乡居民储蓄情况变化（单位/亿元）
数据来源：国家统计局

　　细分来看，定期储蓄存款年底余额从2006年的10.30万亿元增至2010年的17.84万亿元，增长了1.73倍；活期储蓄存款年底余额从2006年的5.86万亿元增至2010年的12.49万亿元，增长了2.13倍；活期储蓄存款年底余额的增长略快于定期储蓄存款余额的增长，这表明一方面居民收入水平在增长以后，有更多的剩余财产；另一方面人们挣钱的速度比以前快了，居民财富还在迅速积累和膨胀。从消费传统来看，我国属于典型的储蓄型社会，财富在积累以后往往传递给下一代，因此如果没有进一步的政策调整和引导，现在储蓄存款的增加很可能会造成下一代收入水平起点的差异，即收入社会流动性的下降，出现富者更富、贫者更贫的局面。

表 4-3　城乡居民货币储蓄情况（单位 / 亿元）

年份	2006	2007	2008	2009	2010
定期存款年底余额	103011.4	104934.5	139300.16	160230.38	178413.9
活期存款年底余额	58575.92	67599.74	78585.19	100541.28	124888.6
定期存款年增加额	10777.3	1923.1	34365.71	20930.22	18183.52
活期存款年增加额	9766.7	9023.8	10985.45	21956.09	24347.32

数据来源：国家统计局；注：城乡居民储蓄数据来源于人民银行。

　　然后我们分别来看一下，各层次城市居民和农民的人均可支配收入情况。从表 4-4 可以看出，我国居民人均可支配收入经历了快速增长，收入水平从 2006 年的 11759.5 元增至 2012 年的 24564.7 元，增长了 2.09 倍，年均增长 12% 左右，增长速度超过了同期的国民经济增长水平，是居民收入能力、生活水平双双提升的结果。在收入水平快速增长的同时，城镇居民的收入差距绝对值也在快速拉大，而且越往高处越容易出现断层式收入差距：最低收入户居民的收入水平从 2006 年的 3568.7 元增至 2012 年的 8215.1 元，增长了 2.30 倍，是各阶层收入水平增长最快的，不过由于基数较小，增长能力有限，从绝对值来看，只增加了 4646.4 元；而最高 10% 收入的城镇居民人均可支配收入从 2006 年的 31967.3 元增至 2012 年的 63824.2 元，增长了 2.00 倍，是各收入阶段增长最慢的，年均增长速度略低于其他阶层，差距不明显，其收入水平绝对值却增加了 31856.9 元，其增加值是收入最低 10% 居民增加值的 6.86 倍，各阶层收入水平之间的收入差距不仅没有缩小，反而加大了，而且收入差距绝对值还在快速增长的过程中。除此之外我们还看到，在 2012 年最低收入户、较低收入户、中等偏下收入户的收入差距为 4000 元左右，而中等偏下收入户、中等收入户、中等偏上收入户、较高收入户、最高收入户之间的人均可支配收入差距分别为 5657.7 元、7394.2 元、9791.5 元、24219 元，收入水平越高的阶层与下一阶层的收入差距越大，而且差距增幅也越大，这是我国贫富差距扩大的典型表现。

表 4-4 城镇居民人均可支配收入 （单位／元）

指标	2006	2007	2008	2009	2010	2011	2012
人均可支配收入	11759.5	13785.8	15781	17174.7	19109.4	21810	24564.7
最低收入户（10%）	3568.7	4210.1	4753.6	5253.2	5948.1	6876.1	8215.1
较低收入户（10%）	5540.7	6504.6	7363.3	8162.1	9285.3	10672	12488.6
中等偏下户（20%）	7554.2	8900.5	10196	11243.6	12702.1	14498	16761.4
中等收入户（20%）	10269.7	12042.3	13984	15399.9	17224	19545	22419.1
中等偏上户（20%）	14049.2	16385.8	19254	21018	23188.9	26420	29813.7
较高收入户（10%）	19069	22233.6	26250	28386.5	31044	35579	39605.2
最高收入户（10%）	31967.3	36784.5	43614	46826.1	51431.6	58842	63824.2

注：2013 年以前农村居民收支数据来源于独立开展的农村住户抽样调查；数据来源：国家统计局。

从表 4-5 可以看出，农村居民收入水平也有较快的增长，6000 元及以下收入居民在所有农村居民中的比重在不断缩小，已经从 2009 年的 66.5% 下降到 2012 年的 41.1%，这表明我国农村居民在脱贫方面已经进入了快车道，在摆脱极端贫困方面取得了一定成效。从各个阶段收入占比变化情况来看，收入水平越高，收入占比增长速度越快，例如 6000～7000 元收入水平居民的占比只是从 2009 年的 7.9% 增至 2012 年的 8.7%，占比略微增加；而 11000～12000 元、12000～13000 元、13000～14000 元、14000～15000 元、15000～16000 元、16000～17000 元、17000～18000 元的收入水平占比都提高了两倍以上，而 18000～19000 元、19000～20000 元、20000 元以上的收入占比更是超过了 3 倍。这表明，我国农村居民收入水平总体仍然处于较低阶段，但是居民收入增长情况十分乐观，尤其是社会收入水平的流动性在不断提高，并保持了良好的趋势。在 2012 年每千元差距各阶层的占比中，6000～7000 元收入的居民最多，收入水平往上居民所占比例依次缩小，符合收入水平分布中间大两头小的格局，这表明农村居民收入结构十分稳定，保证了良好的社会稳定性。

对比表 4-4 和表 4-5 可以发现，城乡收入差距仍然十分明显。2012 年，城镇居民最低 10% 人均可支配收入的均值为 8215.1 元，而人均可支配收入低于 8000 元的农村居民比例占到了 57.4；城镇居民人均可支配收入在 22419.1 元以上的比重是 60%，而农村居民可支配收入在 20000 元以上的比重只有 6%；城镇有 80% 的居民人均可支配收入在 16000 元以上，而农村居民人均可支配收入在 16000 元以上的比重只有 11.3%。换言之，农村 90% 的居民，其人均可支配收入水平如果放在城镇，都将落入最贫困的 20% 行列里。这是城乡收入差距巨大的一个典型写照。

表 4-5　农村居民各个收入阶层占比情况

指标	2009	2010	2011	2012
2000 元以下	13.3	9.5	7.4	5.6
2000～3000 元	14.9	12.2	9	7.4
3000～4000 元	15.1	13.2	10.6	9
4000～5000 元	12.9	12.6	10.9	9.8
5000～6000 元	10.3	10.8	10.1	9.3
6000～7000 元	7.9	8.7	9	8.7
7000～8000 元	6.1	6.9	7.8	7.6
8000～9000 元	4.3	5.4	6.1	6.6
9000～10000 元	3.3	4.2	5.1	5.6
10000～11000 元	2.6	3.3	4.1	4.8
11000～12000 元	1.9	2.5	3.4	3.9
12000～13000 元	1.5	1.9	2.9	3.2
13000～14000 元	1.1	1.6	2.2	2.8
14000～15000 元	0.9	1.2	1.9	2.4
15000～16000 元	0.7	1	1.5	1.9
16000～17000 元	0.6	0.8	1.2	1.7
17000～18000 元	0.5	0.7	1	1.4
18000～19000 元	0.4	0.5	0.8	1.2
19000～20000 元	0.3	0.4	0.7	1
20000 元以上	1.6	2.4	4.1	6

注：2013 年前农村居民收支数据来源于独立开展的农村住户抽样调查；数据来源：国家统计局。

　　截至 2016 年，我国的城镇化率达到了 57.35%，同比 2015 年上升了 1.25 个百分点，在我国人口基数巨大的情况下，这一变化意义重大；在第十二届全国人民代表大会第四次会议上，李克强总理在政府工作报告中明确指出，我国要深入推进以人为核心的新型城镇化，实现 1 亿左右农业转移人口和其他常住人口的城镇落户，到 2020 年常住人口城镇化率达到 60%。从表 4-6 可以看出，城镇居民每户家庭人口基本维持在 2.9 人，计划生育政策在城市已经初见成效，平均每个家庭小孩人数基本为 1。每户就业人口为 1.5 人，在一个三口之家，经济负担较大，使得就业者负担人数为 1.9，即在城市里，每一名工作者在养活自己的同时，还要再养活一个人。在我国现行工资水平较低的情况下，个人负担较重、压力较大。从收入构成来看，工资性收入仍然是城镇居民重要的收入来源，不过随着改革开放的深入和市场经济的普及，居民的收入来源日益多元化，因此从 2006 年到 2012 年，居民的工资性收入在总收入中的比重已经从 68.93% 下降到了 64.30%，而经营净收入在总收入中的比重已经从 6.37% 上升到了 9.45%，从现有变化趋势和国家政策走势来看，居民的收入来源还将发生进一步的变化，工资性收入将进一步下降、经营性收入上升的可能性更大。对比表 4-3 城镇居民储蓄值的快速增长，我国居民的财产性收入增长幅度较大，增长了 2.9 倍，在各种收入来源中增长最快，不过财产性收入的增加一方面表明城镇居民的理财型收入增加，另一方面财产性收入属于资产收入，容易导致贫富差距的扩大。人均转移性收入的增加，是社会福利水平提高和贫富差距较大的一种表现，贫富差距越大，政府越需要通过税收等政策将财政性收入分配给穷人，而城镇居民人均转移性收入从 2006 年的 2898.7 元增至 2012 年的 6368.1 元，增长了 2.2 倍。财产性和转移性收入水平的提高，容易使得富人依靠已有财产，长期通过资金经营获得超额利润更加富有，这种富有还将传递给下一代，而社会上贫穷的人因为没有资金，在教育获得、技术水平提升等方面都受到较大限制，向上流通的通道较为闭塞。这两点都会引起社会阶层的固化，从而不利于社会流动性水平的提高。

表 4-6　城镇居民基本调查情况

指标	2006	2007	2008	2009	2010	2011	2012
每户家庭人口（人）	3	2.9	2.9	2.9	2.9	2.9	2.9
每户就业人口（人）	1.5	1.5	1.5	1.5	1.5	1.5	1.5
就业者负担人数（人）	1.9	1.9	2	1.9	1.9	1.9	1.9
总收入（元）	12719.2	14908.6	17067.8	18858.1	21033.4	23979.2	26959
工资性收入（元）	8767	10234.8	11299	12382.1	13707.7	15411.9	17335.6
经营净收入（元）	809.6	940.7	1453.6	1528.7	1713.5	2209.7	2548.3
财产性收入（元）	244	348.5	387	431.8	520.3	649	707
转移性收入（元）	2898.7	3384.6	3928.2	4515.5	5091.9	5708.6	6368.1
可支配收入（元）	11759.5	13785.8	15780.8	17174.7	19109.4	21809.8	24564.7

注：2013 年前农村居民收支数据来源于独立开展的农村住户抽样调查；数据来源：国家统计局。

　　从表 4-7 可以看出，农村居民基本情况与城镇居民基本情况差异较大。就家庭常住人口而言，每户人口从 2006 年的 4.1 人下降到 2012 年的 3.9 人，农村地区人口下降趋势也十分明显，这表明农村地区同样受到计划生育政策的影响，而且这种影响还在持续。不过农村家庭每户的人口数仍然远远高于城市地区，这主要是因为计划生育政策在农村实行得略为宽松，在大部分农村地区，如果第一个子女是女孩，一般还可以再要一个小孩；而且农村地区法律意识较为薄弱，受到传统思想影响较重，相信"多子多福"，更愿意多要小孩，有时甚至违背计划生育政策，明知在法律不允许的情况下，还是会通过隐瞒的方式要第二、第三个小孩。而城市地区，居民受教育水平较高，法律意识较强，也更倾向于"优生优育"的思想，讲究"少而精"，而且大部分公职人员受到严格的党政法纪限制，不能要第二个小孩，所以造成农村家庭人口显著较多。农村家庭每户劳动力人数为2.8人，比例略高于城市家庭。这主要是因为农村居民平均受教育年限较少，开始工作较早，结婚年龄较早，一般初中或高中毕业以后就进入劳动力市场，使得平均每个家庭的劳动力人数较多；而且农村结婚较早，平均每一代的年龄大大缩短，也增加了每个家庭的劳动力人数。每个劳动力负担的人口只有1.4人，明显少于城镇就业者负担人数的1.9人，从表面来看，农村家庭劳动力较多，劳动力人均负担较轻，压力较小，其实是农村居民受教育年限较少，较早开始劳动的结果，这也是表中居民收入水平较低的一个原因。

农村家庭平均每人的纯收入从2006年的3587元增至2012年的7916.6元，增长了2.21倍，增长速度较快，只是基数较小，绝对值增长较少。就收入来源而言，由于农村地区以种植业为主，所以家庭经营收入是最重要的部分，其家庭经营纯收入从2006年的1931元增至2012年的3533.4元，增长了1.83倍，在总收入中的比重从53.83%下降到44.63%，在过去的7年中下降了近10个百分点，下降趋势十分明显；而每人工资性纯收入从2006年的1374.8元增至2012年的3447.5元，增长了2.51倍，增速略快于人们的收入增长水平，在总收入中的占比也从2006年的38.33%增至43.55%。农村家庭经营性收入和工资性收入的这种变化趋势是我国经济发展的一种结果，随着我国经济的发展和科技水平的进步，第二、三产业日益成为国民经济的支柱产业，而第二、三产业劳动力需求较大，造成很多农民在保留土地的同时，开始从第一产业转移到了第二、三产业，因此工资性收入明显增加，而种植业收入由于受到客观产量的束缚，增长趋势有限，所以农民的工资性收入水平出现了更快的增长。从财产性收入来看，农村居民财产性收入水平较低，从2006年到2012年只增加了148.6元，在总收入中的比重也只是从2.80%增至3.15%，占比较小。这一方面是因为农村居民总体收入水平较低，而食物、子女教育等基本开支较大，没有较多的资产用于财政性投资；另一方面是因为农村地区信息比较闭塞，投资模式较少，只有储蓄存款等传统的投资模式，而这些投资方式收益较低。因此，农村居民的财产性收入不仅较少，而且增长有限。农村居民的转移性收入增长较快，从2006年的180.8元增至686.7元，增长了3.80倍，是所有收入中增长最快的；其在总收入中的占比也从5.04%增至8.67%。农村居民转移性收入水平的快速增长，一方面表明我国政府越来越重视农村地区贫困居民的生活，正在努力提高贫困人口的生活水平；另一方面表明农村地区贫富差距正在扩大，低收入水平居民很难实现收入的有效增长，只能依靠接受国家转移支付来维持基本生活水平。

从表4-4和4-5我们已经知道城乡居民收入水平差距巨大，从表4-6和表4-7我们可以进一步看出，城乡资源差距巨大，相对于城市，农村地区收入水平要落后很多，而农村地区的转移支付收入只有城市居民转移性收入的10.8%，即农村贫困居民在收入水平无法赶上城镇居民的情况下，获得的财政性转移支付也较少，这样他们的经济贫困状态将进一步加剧，部分造成社会流动性水平的降低。

表 4-7　农村居民基本调查情况

指标	2006	2007	2008	2009	2010	2011	2012
每户常住人口（人）	4.1	4	4	4	4	3.9	3.9
平均每户整半劳动力（人）	2.8	2.8	2.8	2.9	2.9	2.8	2.8
平均每个劳动力负担人口（人）	1.4	1.4	1.4	1.4	1.4	1.4	1.4
家庭平均每人纯收入（元）	3587	4140.4	4760.6	5153.2	5919	6977.3	7916.6
每人工资性纯收入（元）	1374.8	1596.2	1853.7	2061.3	2431.1	2963.4	3447.5
每人家庭经营纯收入（元）	1931	2193.7	2435.6	2526.8	2832.8	3222	3533.4
每人财产性纯收入（元）	100.5	128.2	148.1	167.2	202.3	228.6	249.1
每人转移性纯收入（元）	180.8	222.3	323.2	398	452.9	563.3	686.7

注：2013 年前农村居民收支数据来源于独立开展的农村住户抽样调查；数据来源：国家统计局。

从表 4-6 和表 4-7 可以知道，城镇居民的工资性收入是其收入来源的主要渠道，农村居民的工资性收入水平在其总收入中所占比重越来越大，从增长趋势来看，即将成为农民的主要收入来源。那么城乡居民就业情况是怎样的呢？这是我们接下来将要分析的问题。从表 4-8 可以看出，从 2006 年到 2015 年这 10 年之间，我国就业人口从 7.50 亿人增至 7.75 亿人，共增加 2500 万就业人员，年均增加 250 万就业人口。城镇居民就业人口从 2006 年的 2.96 亿人增至 2015 年的 4.04 亿人，就业人口增加了 1.08 亿人，年均增加 1080 万城市就业人员；农村就业人口从 4.53 亿人减至 3.70 亿人，减少了 8300 万就业人口。城镇居民就业人数占城镇人口的比重从 2006 年的 50.83% 增至 2015 年的 52.40%，增长了 1.57 个百分点，而农村就业人口占农村人口的比重几乎没有变化，一直保持在 61% 左右，这与城乡人口变化有关。从表 4-8 中可以看出，城镇人口存在明显的上升趋势，而农村人口存在下降趋势，正如前文所述，在计划生育政策的影响下，城镇人口生育率明显降低，农村居民生育率远大于城镇居民，那为什么城镇居民人口增加这么迅速呢？这是因为随着国家经济的发展和居民生活水平的提高，国民素质整体提高，在城市、沿海地区第二、三产业快速发展的同时，为农村地区提供了大量的工作岗位，客观上使得农民获得了从农村流向城市的有效通道，因此在这 10 年间，大量农民踊跃进城，成为城市公民。进城工作的这一代人，为城市提供了充足的劳动力，所以使得城市就业人员增长迅速；而农村地区的已有劳动力大面积进入城市，所以虽然就业人员占比基本没有变化，但大量劳动力已经走了。这种从农村地区向城市地区的劳动力转移，为大量农民提供了向上晋升的通道，提高了社会流动性水平，是经济发展的一种积极影响因素。

表 4-8　按照城乡分就业人口（单位 / 亿人）

年份	就业人口	城镇人口	城镇就业人口	农村人口	农村就业人口
2006	7.50	5.83	2.96	7.32	4.53
2007	7.53	6.06	3.10	7.15	4.44
2008	7.56	6.24	3.21	7.04	4.35
2009	7.58	6.45	3.33	6.89	4.25
2010	7.61	6.70	3.47	6.71	4.14
2011	7.64	6.91	3.59	6.57	4.05
2012	7.67	7.12	3.71	6.42	3.96
2013	7.70	7.31	3.82	6.30	3.87
2014	7.73	7.49	3.93	6.19	3.79
2015	7.75	7.71	4.04	6.03	3.70

注：全国就业人口 1990 年及以后数据根据劳动力调查、人口普查推算，2001 年及以后数据根据第六次人口普查数据重新修订。城镇单位数据不含私营单位。2012 年行业采用新的分类标准，与前期不可比。

4.1.2 国民教育水平分析

教育不仅是个人发展的基础，还是社会发展的强劲动力。个人的发展包括两个层面的内容：第一，个体的个性化发展历程。不管是"人之初，性本善"，还是"人之初，性本恶"，都是为了接下来讨论教育的个性化功能。在人年幼之时，纵然有一些先天性能力的差别，但大都十分微小，而教育却可以在个体的个性化发展中，起到催化剂的作用，帮助个人形成适应社会发展的个性化特征。第二，个体的社会化发展历程。在现代社会中，我们早就无法生活在个人的世界里，只能融入社会、适应社会，在社会中工作、生活。而个人的社会化过程需要教育的帮助，教育不仅可以教给我们社会生活的知识，还会传授给我们工作的技术，在个人适应社会的过程中，为社会创造更大的价值。而且已有研究表明，教育水平与工资水平呈正比例关系，即接受教育的年限越多，工资水平越高；反之亦然。教育的社会发展功能包括教育的经济功能、政治功能和文化功能。教育的经济功能是指教育是知识和科技的源泉，是人力资本提升的最佳途径，教育事业的发展可以为社会技术进步提供良好的发展环境和人才保障，可以为经济发展提供更多的人才资源。教育的政治功能是指教育的发展可以为社会提供更多有智慧的政治家，而且教育是社会稳定的基础，可以有效保障社会的稳定发展。教育的文化功能是指教育不仅是文化传承的有效途径，也是文化延续和更新的动力，为文化发展提供所需要的沃土。

教育与个人发展和社会进步关系密切，因此各国都十分重视教育事业的发展，而教育经费占 GDP 的比重是衡量教育投入水平的重要标志。新中国成立以后，我国经济发展一直比较滞后，大部分财政支出都用在了国家建设上，对教育的投入相对不足；改革开放以后，随着经济形势的好转，国家对教育事业的重视程度日益增加，教育投入开始稳步提升。1993 年，教育部颁布了《中国教育改革和发展纲要》，明确提出在 20 世纪末，我国财政性教育经费占 GDP 的比重要达到 4%，截至 1999 年底这一比重只达到 2.79%，与预期差距巨大。2010 年，我国又颁布了《国家中长期教育改革和发展规划纲要（2010—2020）》，再次提出要提高我国财政性教育经费的支出，使其占国内生产总值的比重达到 4%。截至 2012 年底，我国财政性教育经费占 GDP 的比重终于站上了 4% 的高点，达到 4.28%，并一直保持在 4% 以上。发达国家往往更加重视教育事业的发展，经济合作与发展组织（OECD）成员国教育机构公共支出占国内生产总值比例的均值为 4.5%，而挪威、丹麦等经济最发达国家的教育经费占比更是超过了 6%，因此我们可以看出我国教育经费还有很大的增长空间。

从图 4-3 可以看出，我国教育经费占比总体上升趋势明显。已经从 1990 年的 3.04% 上升到了 2015 年的 4.26%，尤其是 2012 年以后，教育经费占比一直稳定在 4% 以上，如果结合我国经济增长来看，教育经费总额支出上涨十分明显。

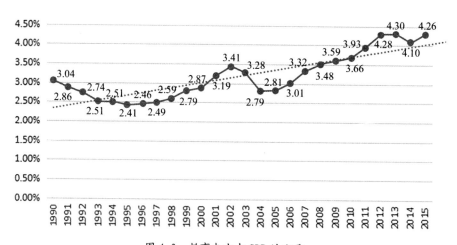

图 4-3　教育支出占 GDP 的比重

数据来源：根据国家统计年鉴计算而得

高等教育机构是提供教学和研究条件的高等教育组织，是国家教育、科技发展的主要场所。从表 4-9 可以看出，我国高等教育机构一直处于发展时期。其中，本科院校数从 2011 年的 1129 所增至 2015 年的 1219 所，增加了 90 所；专科院校数从 2011 年的 1280 所增至 2015 年的 1341 所，增加了 61 所。本专科大学是应届高中毕业生接受高等教育的机构，本专科高校数量的增加是中国高等教育需求增加的表现。在国民收入水平和生活条件改善以后，人们更加注重子女的教育问题，适龄学生入读大学的意愿明显增加，使得我国本专科院校在数量上增加了。而国民教育层次的提升和大学数量的增加，既为科研工作者提供了良好的发展机会，也为更多人提供了读研、读博的机会，因此普通高校研究生培养机构数也从 2011 年的 481 所增至 2015 年的 575 所，5 年时间内增长 19.54%，增长速度较快。与应届高中毕业生接受高等教育和大学毕业生接受研究生教育相对应的，是成人高等教育需求的下降。经过多年的教育普及和成人教育，成人高等教育取得了较大发展，仍需要接受成人高等教育的人数开始锐减，成人高等教育需求明显下降，体现在国家层面就是成人高等学校数量的下降，成人高等学校数已经从 353 所下降到了 292 所；与此同时，随着高等教育的普及，更多的适龄学员进入了国家高等院校，民办的其他高等教育机构数也有了一定的下滑，已经从 2011 年的 830 所下降到 2015 年的 813 所。成人高等学校和民办高等教育机构的减少也是国有教育机构快速发展的结果，在教育市场规模一定的情况下，国家教育机构的快速发展，必然会淘汰民办高校。

从表 4-9 和以上分析可以看出，我国对高等教育越来越重视，经过多年的发展，高等教育事业已经比较成熟，主要表现在两个方面：第一，普通高等学校快速增加，为应届高中生提供了更多接受高等教育的机会；第二，我国已经为成人高等教育提供了很好的平台，满足了成人高等教育的需求，在此基础上成人高校数量开始下降。

表 4-9 高等教育机构数（单位／所）

指标	2011	2012	2013	2014	2015
普通高校研究生培养机构数	481	534	548	571	575
科研机构研究生培养机构数	274	277	282	217	217
本科院校数	1129	1145	1170	1202	1219
专科院校数	1280	1297	1321	1327	1341
成人高等学校数	353	348	297	295	292
民办的其他高等教育机构数	830	823	802	799	813

数据来源：国家统计局

教育机构尤其是普通本专科高校机构数的增加为更多学生接受高等教育提供了良好的平台。从表 4-10 可以看出，各级高等教育机构的招生数从 2006 年到 2015 年的 10 年之间经历了疯狂增长，最受国民关注的普通本科招生人数从 2006 年的 253.09 万人增至 2015 年的 389.42 万人，增长了 53.89%，年均增长 5% 以上，延续了 1999 年高考扩招以来本科教育快速发展的有利局面。普通专科招生人数也从 2006 年的 292.97 万人增至 2015 年的 348.43 万人，增长了 18.93%，为大量无法接受大学本科教育的应届高中生提供了良好的接受高等教育的机会，也为国家专业技术人才的培养提供了平台，增加了学生接受教育的多元化选择，是国民教育体系完善的有力表现。经过多年的发展，2015 年我国高考招生规模已经达到 737.85万人，而 2015 年高考考生规模为 942 万人，高考录取率达到了创纪录的

78.33%，极大地满足了应届高考毕业生渴望接受高等教育的愿望。

在研究生教育方面，我国的高层次人才培养体系同样发展迅速。硕士招生人数从 2006 年的 34.20 万人增至 2015 年的 57.06 万人，增长了 66.87%，是各层次人才培养中增长最快的。硕士研究生招生规模的增加，一方面缘于国家高等教育的发展和国家的扶持，为高等硕士招生提供了大力的支持，另一方面缘于本专科招生规模的扩大，为更多人提供了接受高等教育的机会。尤其是在现阶段就业压力较大的情况下，更多大学本专科毕业生就读研究生的意愿增加，而研究生招生规模的扩大不仅迎合了时代的需求，也为国民经济发展提供了更多高素质的人才储备，部分缓解了经济发展中劳动力就业难的问题。从博士层面来看，博士招生规模从 2006 年的 5.60 万人增至 2015 年的 7.44 万人，博士招生规模增长了 33%。博士研究生属于高层次科研工作者，是国家从事科研工作的主力军，博士招生规模的扩大必将对我国科研事业的发展起到较大的促进作用，有利于社会整体的发展。

表 4-10　高等教育机构招生数（单位／万人）

指标	博士招生数	硕士招生数	普通本科招生数	普通专科招生数
2006	5.5955	34.197	253.0854	292.9676
2007	5.8022	36.059	282.0971	283.8223
2008	5.9764	38.6658	297.0601	310.6011
2009	6.1911	44.9042	326.1081	313.3851
2010	6.3762	47.4415	351.2563	310.4988
2011	6.5559	49.4609	356.6411	324.8598

指标	博士招生数	硕士招生数	普通本科招生数	普通专科招生数
2012	6.837	52.1303	374.0574	314.7762
2013	7.0462	54.0919	381.4331	318.3999
2014	7.2634	54.8689	383.4152	337.9835
2015	7.4416	57.0639	389.4184	348.4311

数据来源：国家统计局

为了保证教育事业的快速发展，也为了保障人才体系更好更快地建设，我国投入了大量的教育经费。从表4-11可以看出，各项教育经费投入都十分巨大，而且增长迅速，具体来看：国家财政性教育经费从2007年的8280.21亿元增至2011年的18586.70亿元，增长了2.24倍，教育支出占国民生产总值的比重也从3.32%增至3.93%，增长了0.61个百分点。高等学校国家财政性教育经费从2007年的1648.12亿元增至2011年的4096.33亿元，增长了2.49倍。高等学校国家财政性教育经费的快速增长为高校招生规模的扩大提供了资金保障，同时也为新时期高校教育设施的改善、教育质量的提高提供了有力支持，是我国人才资源建设发展的基础，为我国高等学校提高全球竞争力提供了良好的大环境。在成人高等学校数量减少的同时，成人高等学校国家财政性教育经费却在快速增长，从2007年的49.80亿元增至72.83亿元，增长了1.46倍，成人高等教育是普通高等教育的有效补充，为无法接受普通大学教育的公民提供了良好的学习机会，是我国实现全面教育的一个有效手段。中等职业学校国家财政性教育经费支出从2007年的512.20亿元增至2011年的1259.06亿元，增长了2.46倍。中等职业学校是专门培养中级技术人员、管理人员和小学教师的培训机构，相当于高中学历，但是专业性较强，能够帮助学生更快地适应工作，是国民教育的重要组成部分。职业高中国家财政性教育经费从 2007 年的 228.09 亿元增至 2011 年的 506.25 亿元，增长了 2.22 倍。技工学校国家财政性教育经费从 2007 年的 51.89 亿元增至 2011 年的 123.64 亿元，增长了 2.38 倍。职业高中和技工学校都是为专业技术性人才提供专业培训的平台，为不能顺利就读普通本专科高校的学生提供了继续接受教育的机会。普通高中国家财政性教育经费从 2007 年的 794.82 亿元增至 2011 年的 1799.96 亿元，增长了 2.26 倍。普通初中国家财政性教育经费从 2007 年的 1739.06 亿元增至 2011 年的 3902.40 亿元，增长了 2.24 倍；农村普通初中国家财政性教育经费从 2007 年的 1032.33 亿元增至 2011 年的 2230.86 亿元，增长了 2.16 倍。农村普通初中国家财政性教育经费在普通初中国家财政性教育经费中的占比从 2007 年的 59.36% 下降到了 2011 年的 57.17%，占比略有下降。普通小学国家财政性教育经费从 2007 年的 2673.89 亿元增至 2011 年的 5759.65 亿元，增长了 2.15 倍；农村普通小学国家财政性教育经费从 2007 年的 1807.00 亿元增至 2011 年的 3724.91 亿元，增长了 2.06 倍。农村普通小学国家财政性教育经费在普通小学国家财政性教育经费中的占比从 2007 年的 67.58% 下降到了 2011 年的 64.67%，同样呈现略为下降的趋势。小学和初中是我国法律规定的义务教育阶段，是学生学业的启蒙阶段，在学生未来的发展中具有十分重要的作用。在小学和初中教育经费快速增加的同时，我们也发现农村地区教育经费的比例在缩小。这一方面是农村学员出于计划生育和进入城市而减少的原因，另一方面也是国家资源配置向城市倾斜的一个表现。

表 4-11　国家财政教育经费（单位／亿元）

指标	2007	2008	2009	2010	2011
国家财政性教育经费	8280.21	10449.63	12231.09	14670.07	18586.70
高等学校国家财政性教育经费	1648.12	2062.46	2327.38	2965.32	4096.33
成人高等学校国家财政性教育经费	49.80	58.94	62.88	63.52	72.83
中等职业学校国家财政性教育经费	512.20	682.27	814.18	968.28	1259.06
职业高中国家财政性教育经费	228.09	308.96	346.59	392.76	506.25
技工学校国家财政性教育经费	51.89	64.08	87.84	107.09	123.64
普通高中国家财政性教育经费	794.82	961.24	1109.34	1321.84	1799.96
普通初中国家财政性教育经费	1739.06	2250.78	2721.84	3152.37	3902.40
农村普通初中国家财政性教育经费	1032.33	1357.22	1631.35	1842.18	2230.86
普通小学国家财政性教育经费	2673.89	3297.90	3972.57	4642.60	5759.65
农村普通小学国家财政性教育经费	1807.00	2223.62	2642.55	3041.97	3724.91

数据来源：国家统计局

　　通过以上分析可以看出：（1）国家对教育事业十分重视，教育经费占国民经济总量的比重不断增加。（2）我国教育事业实现了快速发展，普通本专科高校数量增长较快，为公民接受高等教育提供了更多机会。（3）各项教育经费增长比较均衡，我国教育事业的发展得到了有力的保障。（4）农村小学和初中国家财政性教育经费比例在缩小，值得警惕。

4.1.3 我国人口结构分析

1. 人口变化情况

为了分析我国的人口结构变化，先了解一下 2010 年的人口普查情况。从人口规模来看，我国总人口已经达到了 13.40 亿人，其中男性人口 6.87 亿人，女性人口 6.53 亿人，每 100 个女性对应 105.2 个男性。男性多于女性一方面是受到传统思想的束缚，普遍存在"重男轻女"的思想，尤其是在农村地区，在计划生育政策的影响下，更倾向于选择男孩；另一方面，由于男女身体素质差异，女性的年龄普遍高于男性，所以从总体统计来看，在老年人中，女性人口明显多于男性。从城乡结构来看，城镇人口为 6.66 亿人，略微少于农村的 6.74 亿人，不过这种统计主要是常住人口统计模式，而非户籍人口，在 2010 年我国城市户籍人口大概只占 35%，只有农村人口规模的 50% 左右。从人口年龄结构来看，0～14 岁人口占人口总数的比重为 16.6%，占比较低；15～64 岁人口占比为 74.5%；65 岁及以上人口占比为 8.9%。国际上一般认为，65 岁及以上人口占比达到 7% 时，即属于老龄化社会，而我国达到了 8.9%，老龄化现象比较严重；而 15～64 岁人口比重较高，表明我国老龄化趋势进一步加剧的可能性较大。关于人口年龄结构、受教育程度的问题，在下文中将进行更加详细的分析和了解。

表 4-12　我国 2010 年人口普查情况

指标	2010
总人口（万人）	133972
男性人口数（万人）	68685
女性人口数（万人）	65287

指标	2010
性别比（女 =100）	105.2
城镇人口数（万人）	66557
乡村人口数（万人）	67415
家庭户规模（人／户）	3.1
0～14 岁人口占总人口比重 (%)	16.6
15～64 岁人口占总人口比重 (%)	74.5
65 岁及以上人口占总人口比重 (%)	8.9
每十万人口中受大专及以上教育人口数（人）	8930
每十万人口中受高中和中专教育人口数（人）	14032
每十万人口中受初中教育人口数（人）	38788
每十万人口中受小学教育人口数（人）	26779
文盲人口数（万人）	5466
文盲率 (%)	4.1

数据来源：国家统计局

从表 4-13 可以看出，受到计划生育政策的影响，我国的出生率、死亡率和自然增长率都十分稳定，人口增长趋势比较平稳。

表 4-13　出生率、死亡率及人口增长率（‰）

指标	人口出生率	人口死亡率	人口自然增长率
2011	11.93	7.14	4.79
2012	12.1	7.15	4.95

指标	人口出生率	人口死亡率	人口自然增长率
2013	12.08	7.16	4.92
2014	12.37	7.16	5.21
2015	12.07	7.11	4.96

注: 各年份数据为年度人口抽样调查推算数据。总人口和按性别分人口中包括现役军人，按城乡分人口中现役军人计入城镇人口。数据来源：国家统计局。

在表 4-14 中我们比较笼统地分析了静态的普查情况，可以看出一些动态性趋势。从 2006 年至 2015 年，我国总人口从 13.14 亿人增至 13.75 亿人，增加了 0.61 亿人，年均增加 610 万人，相对我国巨大的人口基数而言，人口增速较为缓慢。0～14 岁人口从 2.60 亿人下降到 2.27 亿人，儿童人口呈显著的下降趋势。这不仅与计划生育政策有关，也与人们思想观念的转变有关。在城市地区尤其是发达的大城市地区，居民普遍接受了优生优育的思想，希望子女少而精，生育意愿有所下降，而且城市房价不断走高、育儿成本上升明显，年青一代经济压力较大，在巨大的经济负担面前，负担多个子女的意愿同样降低。因此，计划生育政策、观念意识和经济压力的叠加，使得我国少儿数量减少。与此相对应的是少儿抚养比的下降，已经从 2006 年的 27.3 下降到了 2015 年的 22.6。15～64 岁人口从 9.51 亿人增至 10.04 亿人，表明我国劳动力供给人口在不断增加，为我国快速的经济增长提供了人才保障。不过增长速度在放缓，已经接近于不再增长，考虑到 0～14 岁人口的减少，可以预测这种劳动力人口的增加难以为继，是一种中短期现象，我国在不久的将来，有可能面临较大的劳动力供给短缺压力。65 岁及以上人口从 2006 年的 1.04 亿人增至 2015 年的 1.44 亿人，增加了 4000 万人口，年均增加 400 万人口，占人口增长总数的 65.57%，而 65 岁及以上人口在我国人口总数中的比重也达到了 10.47%，从已有数据可以看出，这一比重还将持续增加。与国际上 7% 的老龄化人口线相比，2015 年我国已经属于较为严重的老龄化社会。与之对应，老年抚养比已经从 11.0 增至 14.3，增长趋势明显。在我国迈入发达国家的行列之前，老年人口的快速增长将给年青一代带来较大的压力，也将不利于经济的进一步增长。

表 4-14　人口年龄结构和抚养比

年份（年）	总人口（亿人）	0~14岁人口（亿人）	15~64岁人口（亿人）	65岁及以上人口（亿人）	总抚养比	少儿抚养比	老年抚养比
2006	13.14	2.60	9.51	1.04	38.3	27.3	11.0
2007	13.21	2.57	9.58	1.06	37.9	26.8	11.1
2008	13.28	2.52	9.67	1.10	37.4	26.0	11.3
2009	13.35	2.47	9.75	1.13	36.9	25.3	11.6
2010	13.41	2.23	9.99	1.19	34.2	22.3	11.9
2011	13.47	2.22	10.03	1.23	34.4	22.1	12.3
2012	13.54	2.23	10.04	1.27	34.9	22.2	12.7
2013	13.61	2.23	10.06	1.32	35.3	22.2	13.1
2014	13.68	2.26	10.05	1.38	36.2	22.5	13.7
2015	13.75	2.27	10.04	1.44	37.0	22.6	14.3

注：2010 年数据为当年人口普查数据推算数；其余年份数据为年度人口抽样调查推算数据。总人口和按性别分人口中包括现役军人，按城乡分人口中现役军人计入城镇人口。
数据来源：国家统计局。

从性别分布来看，男性人口从 2006 年的 6.77 亿人增至 2015 年的 7.04

亿人，增加了 2700 万人；女性从 6.37 亿人增至 6.70 亿人，增加了 3300 万人，女性人口增长速度明显快于男性，这表明虽然总体来看男性人口仍然比女性人口多出 3400 万人，但从发展趋势来看，我国生育观念已经开始出现改变，出现了女性增长快于男性的现象。从城乡变化来看，城镇人口从 2006 年的 5.83 亿人增至 2015 年的 7.71 亿人，增加了 1.88 亿人；而农村地区人口从 7.32 亿人下降到了 6.03 亿人，农村地区人口减少了 1.29 亿人。城乡人口结构的变化反映出我国经济的巨大发展，截至 2015 年城镇人口占比已经达到 56.10%，更多的人可以享受城市经济发展带来的益处。

表 4-15　总人口变化情况

年份 （年）	年末总人口 （亿人）	男性人口 （亿人）	女性人口 （亿人）	城镇人口 （亿人）	农村人口 （亿人）
2006	13.14	6.77	6.37	5.83	7.32
2007	13.21	6.80	6.41	6.06	7.15
2008	13.28	6.84	6.44	6.24	7.04
2009	13.35	6.86	6.48	6.45	6.89
2010	13.41	6.87	6.53	6.70	6.71
2011	13.47	6.91	6.57	6.91	6.57
2012	13.54	6.94	6.60	7.12	6.42
2013	13.61	6.97	6.63	7.31	6.30
2014	13.68	7.01	6.67	7.49	6.19
2015	13.75	7.04	6.70	7.71	6.03

注：2010 年数据为当年人口普查数据推算数；其余年份数据为年度人口抽样调查推算数据。总人口和按性别分人口中包括现役军人，按城乡分人口中现役军人计入城镇人口。数据来源：国家统计局。

2. 人口抽查情况

从抽样情况来看，我国总体性别比例仍然不均衡，2006 年是 102.71，到 2015 年已经上升到了 105.02，男性明显多于女性。在 0～4 岁的婴幼儿中，性别差距十分明显，虽然性别比例已经从 2006 年的 120.72 下降到了 2015 年的 116.23，不过男生超过女生的人数仍值得担心。在 5～9 岁、10～14 岁和 15～19 岁人口的抽查中，情况大致相同，都表现出明显的男多女少现象。在 70 岁以上的人口中，开始呈现女多男少的现象，这是因为受到身体结构差异的影响，在中老年群体中，女性的身体健康状况普遍好于男性，在 70 岁以上的老年人口中，女性的寿命要高于男性，所以容易出现女多男少的现象。例如，70～79 岁，男女性别比为 90 以上；80～89 岁，男女的性别比多位于 60～80；90～94 岁，男女性别比在 40～55 之间；95 岁以上的老人，男女性别比在 30～40 之间。从以上分析可以看出，由于受到"重男轻女"的思想束缚，更多的家庭偏爱男孩，因此婴幼儿时期，甚至更晚一些，男性明显多于女性；而在 70 岁以上的老人中，女性多于男性，年龄越高，女性越多。

表 4-16　按照年龄分性别比

指标	2006	2007	2008	2009	2011	2012	2013	2014	2015
性别比	102.71	102.86	103.13	103.27	105.17	105.12	105.22	105.04	105.02
0～4 岁	120.72	123.59	123.26	122.66	119.15	118.46	117.3	116.87	116.23
5～9 岁	123.05	120.53	121.4	122.65	118.57	118.52	118.68	119.16	119.09
10～14 岁	116.99	116.45	115.91	118.27	117.16	117.82	117.86	118.54	118.59
15～19 岁	111.99	112.81	114.1	112.26	109.77	111.15	111.18	114.76	116.12

指标	2006	2007	2008	2009	2011	2012	2013	2014	2015
20～24岁	95.84	96.1	97.85	100.84	103.6	104.68	109.72	106.83	108.51
25～29岁	93.79	94.27	96.34	99.67	101.57	101.29	100.54	101.54	102.24
30～34岁	96.3	96.59	98.13	97.32	104.15	103.64	103.18	102.47	101.94
35～39岁	96.74	98.03	97.75	98.35	104.74	104.58	104.31	104.32	104.13
40～44岁	97.9	99.06	99.23	98.88	104.22	104.36	104.46	104.44	104.42
45～49岁	100	99.49	98.64	97.71	104.08	103.72	103.4	103.4	103.28
50～54岁	101.51	101.67	101.36	101.31	104.73	103.93	103.44	102.68	102.63
55～59岁	102.38	102.04	102.7	100.18	102.14	102.46	103.06	103.53	103.45
60～64岁	104.21	103.58	103.27	103.68	102.57	101.56	100.7	99.85	99.74
65～69岁	104.73	103.79	102.39	102.21	100.41	99.35	99.69	97.33	99.91
70～74岁	97.54	97.24	98.87	100.15	99.74	98.3	97.11	99.47	96.36
75～79岁	91.37	92.26	92.14	95.36	88.79	91	89.78	91.28	90.7
80～84岁	74	77.95	80.08	78.27	80.17	80.79	82.14	81.99	78.94
85～89岁	60.48	65.79	65.34	69.93	63.07	63.64	66.75	66.79	67.03
90～94岁	47.86	41.97	45.17	44.38	45.04	50.63	55.33	49.45	53.97
95岁以上	36.89	36.22	41.17	36.83	33.82	30.12	34.05	43.98	39.36

注：2015年为1%人口抽样调查样本数据，其他年份为1‰人口变动调查样本数据。具体抽样比详见出版物中《中国统计年鉴》。数据来源：国家统计局。

关于婚姻状况，我们来分析表4-17。在15岁及以上人口中，我国未婚人数占比始终维持在19%左右。而有意思的是，未婚人口比例在美国次贷危机时期的 2008 年和 2009 年最低，之后猛烈反弹，达到了 20.83%，之后逐年下降，截至 2014 年，未婚人口比例回到了 19.69%。这主要是因为在经济危机条件下，国家经济面临下滑的同时，公民的就业、工资水平、福利待遇等也将面临一定的挑战，在巨大的经济压力面前，组建家庭可以形成抵御风险的有力屏障。在家庭中，分工比较明确，女性主要从事家务劳动，男性主要负责劳动力市场的工作，女性的工作提高了家庭生活水平，同时也将男性从烦琐的家务劳动中解脱出来，从而可以有更多时间和精力服务于工作，这将使得男性工作者的劳动技能大大提升，从而增加工资水平。因此，在经济危机面前，更多的未婚男女愿意组建家庭。具体来看，男性未婚者占总人口的比例从 11.26% 增至 2014 年的 11.69%，略有上升，不过在 2008 年和 2009 年，出现了比例下降的趋势，之后猛烈反弹，然后再开始下降。女性未婚者的比例则从 8.13% 降至 8.00%，在 2008 年和 2009 年，女性未婚者更是经历了剧烈下降的波动，在 2008 年，女性未婚者比例比 2007 年下降了 0.18 个百分点，而 2009 年下降了 0.14 个百分点，远远超过男性未婚者下降的比例。这一方面是因为在经济冲击面前，女性抵御风险的能力更差一些，例如在企业经济形势不够明朗或遇到一定阻碍的时候，如果裁撤员工，女性一般属于受害程度较深者；另一方面是因为在婚配关系中，我国存在明显的"男低配、女高配"思想，即男性如果找伴侣，则女性一方的外在综合条件一般要低于男性；而女性如果要找伴侣，则男性的外在综合条件一般要好于女性。当面临经济危机的冲击时，女性受到的不利影响更大，经济条件下降更快，正是由于这种经济压力和环境的恶化，让条件较差的女性在男性中有了更大的选择空间。此外，还因为我国男性多于女性，尤其是在 20～40 岁之间，男性人数较多，女性人数较少，女性具有更大的选择权，当面临经济危机压力时，只要女性愿意，一般都可以找到结婚对象。而男性则恰恰相反，经济条件的恶化，将进一步使得婚配可能性降低。

从离婚情况来看，我国的离婚率处于稳定的上升期，已经从 2006 年的 1.05% 上升到了 2014 年的 1.73%，增长速度较快。具体来看，男性离婚者占总人口的比重从 0.64% 上升到了 1.01%，女性离婚者占总人口的比重则从 0.41% 上升到了 0.72%。从丧偶情况来看，我国丧偶者占总人口的比重已经从 5.86% 下降到 5.37%，其中男性丧偶者占总人口的比重由 1.81% 下降到了 1.60%，女性丧偶者占总人口的比重则由 4.04% 下降到了 3.76%。丧偶人数的减少主要是因为丧偶者多为老人，而随着我国医疗条件的改善和生活水平的提高，公民的预期寿命大大延长，所以丧偶比例在下降；又因为女性寿命长于男性，在相同条件下，多是男性先去世，所以女性丧偶者的占比要远远高于男性。

表 4-17　按照婚姻状况分 15 岁及以上人口数

指标	2006	2007	2008	2009	2011	2012	2013	2014
未婚	19.39%	19.23%	18.95%	18.76%	20.83%	20.41%	20.18%	19.69%
男性未婚	11.26%	11.15%	11.05%	11.00%	11.98%	11.85%	11.93%	11.69%
女性未婚	8.13%	8.08%	7.90%	7.76%	8.85%	8.56%	8.25%	8.00%
初婚有配偶	71.84%	72.01%	72.25%	72.49%	70.80%	71.27%	71.21%	71.16%
男性初婚有配偶	35.22%	35.39%	35.58%	35.62%	35.51%	35.63%	35.40%	35.35%
女性初婚有配偶	36.62%	36.62%	36.68%	36.86%	35.29%	35.64%	35.81%	35.81%
再婚有配偶	1.86%	1.78%	1.75%	1.69%	1.56%	1.56%	1.61%	2.04%

指标	2006	2007	2008	2009	2011	2012	2013	2014
男性再婚有配偶	0.86%	0.83%	0.83%	0.81%	0.74%	0.75%	0.77%	0.99%
女性再婚有配偶	1.00%	0.94%	0.92%	0.89%	0.83%	0.81%	0.84%	1.05%
离婚	1.05%	1.10%	1.15%	1.23%	1.35%	1.41%	1.58%	1.73%
男性离婚	0.64%	0.67%	0.69%	0.74%	0.77%	0.81%	0.92%	1.01%
女性离婚	0.41%	0.43%	0.46%	0.48%	0.58%	0.60%	0.66%	0.72%
丧偶	5.86%	5.88%	5.90%	5.83%	5.46%	5.35%	5.42%	5.37%
男性丧偶	1.81%	1.84%	1.85%	1.83%	1.69%	1.63%	1.69%	1.60%
女性丧偶	4.04%	4.05%	4.05%	4.00%	3.77%	3.71%	3.73%	3.76%

注： 2015 年为 1% 人口抽样调查样本数据，其他年份为 1‰人口变动调查样本数据。具体抽样比详见出版物中《中国统计年鉴》。数据来源：国家统计局。

从表 4-18 可以看出，未上过学和只读过小学的人口占比在下降，只读过初中和高中的人口占比基本不变，而大专及以上人口的比重在快速上升。具体而言，未上过学的人口占比从 2006 年的 8.79% 下降到了 2015 年的 5.69%，其中未上过学的男性比重从 2.40% 下降到了 1.64%，而未上过学的女性比重从 6.39% 下降到了 4.05%。我国的文盲集中在农村地区、偏远的贫穷地区和年龄较大者之间，由于受到时代因素的影响，他们在适龄阶段没能接受应有的教育。而在农村地区和偏远的贫穷地区，普遍存在较为严重的"重男轻女"现象，无论是家里的物质资源还是经济资源，都集中在男孩身上，所以在表 4-18 中我们看到，女孩没有接受过教育的比例明显高于男性，而且高出一倍还要多。只上过小学的人口，其比重从 2006年的 33.07% 下降到了 26.22%，其中只上过小学的男性比重从 15.96% 下降到了 12.59%，只上过小学的女性比重从 17.11% 下降到了 13.63%。而具有初中学历的人口在总人口中的比重呈现先上升后下降的趋势，不过最后保持在 38% 左右，变化不大；其中，男性和女性的变化类似。具有高中学历的人口与具有初中学历的人口情况类似，详情见表 4-18。如前文所述，近年来我国高等教育取得了快速发展，从表 4-18 可以看出，具有大专及以上学历的人口占比已经从 2006 年的 6.22% 上升到了 2014 年的 11.53%，占比几乎上升了一倍；其中男性占比从 3.53% 上升到了 6.05%，女性占比从 2006 年的 2.69% 上升到了 2013 年的 5.22%。在接受高等教育的人口中，男性明显多于女性，不过从增长趋势来看，女性的增长要快于男性。这是因为在独生子女政策的影响下，越来越多的家庭只有一个孩子，而这一个孩子无论是男孩还是女孩，家庭都将把所有的资源投资于他（她）身上，使得在新时期，子女一代拥有更多的资源。相对而言，女性获得的家庭资源增长量要多于男性，所以在这种条件下，女性接受高等教育的比重上升也更快。

表 4-18　按照受教育程度分人口数

指标	2006	2007	2008	2009	2011	2012	2013	2014	2015
未上过学	8.79%	8.01%	7.50%	7.12%	5.50%	5.29%	4.99%	5.37%	5.69%
未上过学男性	2.40%	2.20%	2.07%	2.04%	1.64%	1.60%	1.56%	1.60%	1.64%
未上过学女性	6.39%	5.82%	5.43%	5.07%	3.87%	3.69%	3.43%	3.77%	4.05%
小学	33.07%	31.80%	31.17%	30.13%	27.57%	26.88%	26.36%	26.25%	26.22%
小学男性	15.96%	15.22%	14.83%	14.28%	13.06%	12.74%	12.51%	12.39%	12.59%
小学女性	17.11%	16.58%	16.33%	15.84%	14.51%	14.14%	13.85%	13.86%	13.63%
初中	38.99%	40.22%	40.94%	41.67%	41.41%	41.11%	40.81%	40.15%	38.32%
初中男性	21.17%	21.70%	22.06%	22.37%	22.15%	22.01%	21.68%	21.60%	20.60%
初中女性	17.82%	18.52%	18.88%	19.30%	19.26%	19.10%	19.13%	18.56%	17.72%
高中	12.93%	13.41%	13.69%	13.80%	15.46%	16.12%	16.52%	16.70%	12.27%
高中男性	7.32%	7.65%	7.76%	7.77%	8.86%	9.02%	9.21%	9.38%	6.94%

指标	2006	2007	2008	2009	2011	2012	2013	2014	2015
高中女性	5.61%	5.76%	5.93%	6.03%	6.61%	7.11%	7.31%	7.31%	5.34%
大专及以上	6.22%	6.56%	6.70%	7.29%	10.06%	10.59%	11.32%	11.53%	
大专及以上男性	3.53%	3.65%	3.76%	4.04%	5.34%	5.67%	6.10%	6.05%	
大专及以上女性	2.69%	2.91%	2.95%	3.24%	4.72%	4.93%	5.22%		

注：2015年为1%人口抽样调查样本数据，其他年份为1‰人口变动调查样本数据。具体抽样比详见出版物中《中国统计年鉴》。数据来源：国家统计局。

4.2 数据处理过程

本章使用中国综合社会调查（CGSS）数据库2010—2013年的数据进行实证分析，在分析过程中，选取了被访者的第一份工作所属的职业类型、被访者的受教育程度、党员关系、年龄、结婚与否、初婚年龄，父母在被访时的职业信息、党员关系、受教育程度等信息，将父代及子代职业关系的变化，作为我国社会流动性的代理变量。在分析之前，本书对CGSS数据进行了如下处理：第一，本书对被访者的信息进行处理，筛选出职业信息比较详细的样本，再从中找出与父亲职业信息可以有效匹配的样本，作为本书可供使用的样本量。第二，根据本书的研究思路，我们主要测量社会流动性的变化情况、分析社会流动性变化的原因、找出社会流动性的影响，因此根据这些条件，从中挑选出了具有被访者的职业、受教育程度、党员关系、年龄、结婚与否、初婚年龄，父母职业信息、党员关系、受教育程度等信息的样本。第三，在选取合适样本以后，为了详细了解样本内部情况，我们根据性别、户籍进行相应分类，并根据不同时代特征，将样本划分为三个时期，因此在考察中，本章将分别对城乡社会流动性、男女社会流动性、不同时期的社会流动性进行对比分析，以期全面了解我国的社会流动性变动情况。第四，考虑到本书考察的是代际之间职业的流动性，所以本书选择的时间段是 1949—1990 年出生的人，即被访者都已经进入了工作岗位，在一定程度上可以了解代际之间工作的流动性。

在 CGSS 数据中，详细记录了被访者各阶段的工作情况和父代的工作情况。参考 Chen Zhu 等（2016）的分类方法和李春玲（2005）的职业声望排序方法，本章将所有的职业划分为三类：第一个层次主要是农民；第二个层次包括工厂工人、手工业者、销售人员、低级别的公务员等；第三个层次包括高级专业技术人员、高级经理人和高级别的公务员等。

4.3 社会流动性测量

4.3.1 统计性描述分析

通过表 4-19 可以看出，在 1949—1958 年之间出生的样本量为 7307 人，其中农村样本量是 5008 人，是城市样本量的两倍多；男女人数基本持平，男性略多于女性。由于时间跨度大，1959—1979 年出生的样本量为 16775 人，其中户籍为农村居民的为 11986 人，是城市居民的两倍多；不过从性别比例来看，女性已经开始多于男性，总体仍呈均衡趋势。在 1980—1990 年出生的样本量为 8694 人，其中农村样本量为 5808 人，不足城市样本量的两倍。这一方面是因为我国城镇化水平不断扩大，城市居民比重上升，造成了农村居民相对比例减少；另一方面是因为 CGSS 数据库多是依靠学生利用放假时间进行的统计，农村样本量相对地减少是缘于农村学员比例的减少。在被访者中仍然是女性多于男性。

表 4-19　各个阶段总的社会流动性大小

	整体	农村	城市	男性	女性
（1）1949—1958	7307	5008	2296	3732	3575
（2）1959—1979	16775	11986	4785	8126	8649
（3）1980—1990	8694	5808	2882	4117	4577

数据来源：CGSS 数据库 2010—2013 年数据

4.3.2 社会流动性的测量结果

1. 社会流动性的整体变化

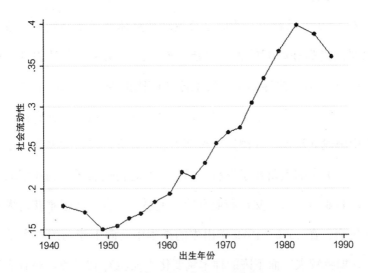

图 4-4　各时期社会流动性的变化

数据来源：CGSS 数据库 2010—2013 年数据

经济发展、国民教育水平、社会观念等因素都会对社会流动性产生影响，一般而言经济发展越快，社会流动性越高。从图4-4来看，我国社会流动性经历了一些变化，但从新中国成立以后总体呈现上升的趋势。1941—1949年出生的人，他们大多受到传统思想的影响，更倾向于从事与父辈同样或相似的工作，而且新中国成立以后比较崇尚工业和农业，一些在新中国成立前从事第二、三层次工作的人，在新政权下，很多人开始从事农业和工业，尤其是他们的子女，工作往往不如他们好，因此呈现出社会流动性下降的趋势。而在新中国成立以后出生的人，社会流动性呈现稳定的上升趋势，1949—1958年是第一个阶段，1959—1979年是第二个阶段，1980—1990年是第三个阶段，从图4-4中可以看到，虽然第一、二阶段的社会流动性都在上升，但第二阶段社会流动性的上升速度明显快于第一阶段社会流动性的上升速度。而第三阶段社会流动性保持在了高位，却又有一定的下降趋势。

从表4-20可以看出，我国社会流动性整体呈现上升趋势，随着经济发展水平的提高和时间的推移，社会流动性还在快速上升的过程中。在1949—1958年出生的样本中，向上流动的比例为16.18%，下降的比例为12.41%，上升速度略大于下降速度，社会整体向上流动速度有限。这是因为在新中国成立早期，我国属于典型的农业社会，经济欠发达，工作岗位增加有限，更多的人留在了农村；另外，当时仍然属于较为典型的计划经济时代，职业与出身、父母职业有较大关系，年青一代很难获得提升工作等级的机会。在1959—1979年出生的样本中，向上流动的样本量达到了24.75%，增幅较大，而下降的样本量变化不大，为13.02%，略有增加。这一时期出生的被访者，在成年之后正好遇到我国的改革开放浪潮，在国民经济发展的新形势下，各种新的工种、工作机会不断涌现，为年轻人获得更高等级的工作和机会提供了良好的时代背景，因此这一时期的社会流动性有了较大的提升。在1980—1990年出生的样本中，社会流动性上升的样本量占比达到34.30%，远远高于下降样本量的14.64%。这是因为随着2000年以后改革开放的不断深入和科技发展，很多传统产业被新型产业取代，尤其是第三产业的发展，对劳动力需求不断增加，为这一时期出生的劳动者提供了更多的蓝领和白领工作机会，尤其是对农村籍劳动者的用工需求，是这一时期社会流动性上升的主要动力，这一点将在下文继续分析。

提升的样本量较多，下降的样本量也在增加，这一方面表明我国社会流动性在提升，另一方面表明贫富差距也在逐渐拉大。社会流动性的上升表明更多的人拥有了良好的职业，而社会流动性比例的下降则表明，我国经济的快速增长并非对所有人都有利，这其中就有部分劳动者与父代相比，工作层次在下降，在整体工作层次快速上升的背景下，工作层次下降，在一定程度上预示着贫富差距和社会地位差距的拉大。不过在所有研究样本中，社会流动性不变的样本量始终大于50%，在一定程度上是我国社会稳定的一种表现，表明我国在社会较为稳定的情况下，正在发生着积极向上的变化。

表4-20   区分整体各个时期的上升、下降、不变的社会流动性

	上升	占比	下降	占比	不变	占比
1949—1958	1182	16.18%	907	12.41%	5218	71.41%
1959—1979	4151	24.75%	2184	13.02%	10440	62.24%
1980—1990	2982	34.30%	1273	14.64%	4439	51.06%

数据来源：CGSS 数据库 2010—2013 年数据

2. 社会流动性的性别差异

从性别差异来看，在 20 世纪 60 年代中期以前，男性社会流动性高于女性，之后女性的社会流动性逐渐赶超男性，而且女性社会流动性还存在较为强劲的上升势头。这主要是因为在新中国成立初期，比较强调妇女解放，鼓励妇女参加工作，再加上相关政策的倾斜，女性在工作岗位中的作用开始逐渐显现，使得她们向上的通道越来越宽阔。

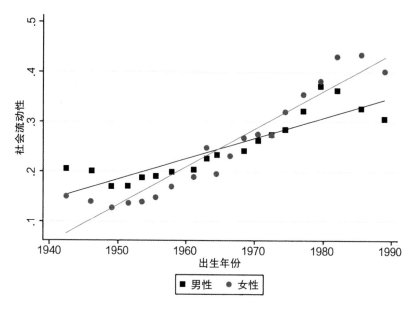

图 4-5　社会流动性性别差异
数据来源：CGSS 数据库 2010—2013 年数据

从表 4-21 可以看出，我国的社会流动性表现出了明显的时代差异和性别差距。在 1949—1958 年出生的人中，男性社会流动性上升的样本量占总样本量的比例为 9.29%，社会流动性下降的比例为 5.80%，净上升比例为 3.49%；而这一时期女性社会流动性上升的样本量占样本总量的比例为 6.88%，社会流动性下降的比例为 6.61%，净上升比例为 0.27%，女性的社会流动性净上升比例基本保持了不变的状态。这主要是因为在这一时期出生的人中，尤以农村籍居民为主，家庭中还都有多名子女，而受到传统思想中"重男轻女"思想的影响，更多的家庭资源集中在男性身上，如表4-18所示，女性的文盲率和只读过小学的比例远远超过男性，而获得大专及以上学历者中，又以男性为主。正是这种家庭资源分配比例的不均衡和获得教育等技能提升水平的限制，女性向上流动的渠道十分狭窄，造成了基本不变的状态。在1959—1979年出生的人中，男性社会流动性上升样本量占总样本量的比例为11.85%，下降样本量占比为6.46%，净增长了5.39%，净增长率略低于上一时期的5.8%；而女性社会流动性上升的样本量占样本总量的比例为12.89%，下降的样本量比例为6.56%，社会流动性净增长率为6.33%。在这一时期出生的样本中，女性样本社会流动性不仅在上升比例上超过了男性，其净上升比例同样超过了男性。出现这一变化的影响因素较多：第一，1959—1979年出生的群体进城务工的人数较多，尤其是70后很多都已经摆脱了土地的束缚，进入城市从事相应的工作，而在这些务工者中，女性更容易通过结婚等形式留在城市，男性留在城市则相对困难；第二，随着我国财政性教育支出的增加和义务教育的普及，更多的适龄女孩接受了与男孩一样的教育，人力资本提升迅速，为她们获得社会流动性水平的提升打下了基础；第三，在国家立法层面和男女平等意识觉醒的前提下，女性社会地位相对而言上升更快。综合以上三点，出现了女性社会流动性和净上升率都高于男性的现象。在1980—1990年出生的样本中，男性社会流动性上升的样本在总样本中的占比为14.24%，社会流动性下降的比例为7.67%，净上升比例为6.57%；而女性社会流动性上升的样本在总样本中的占比高达20.06%，女性社会流动性下降的样本比例为6.97%，社会流动性净上升比例为13.09%，远远高于男性社会流动性净上升的比例。

对于 1980—1990 年出生的群体而言，在他们出生时，我国已经实行了严格的计划生育政策，在这项政策的引导下，绝大部分城市家庭、部分农村家庭，只生育一个小孩，在没有多余选择的前提下，家庭会将所有的经济、物质、人脉资源用在子女身上；如果家里只有一个男孩，由于在过去家庭资源也是集中在男孩身上，则男孩的地位变化不大，而如果家里只有一个女孩，那么女孩拥有的资源量与以前相比，将急剧提升，为女孩社会地位的上升提供了更好的家庭保障。从以上的分析还可以看出，男性样本社会流动性的变化之所以慢，还因为在新时期下，女性社会流动性水平的快速上升挤占了男性的上升资源，致使男性社会流动性变化相对较慢。

从男女性别各自的社会流动性变化来看，男性的社会流动性在过去有一定的提升，提升幅度较小，而女性的社会流动性提升水平较高，社会流动性上升样本占比从 6.88% 增至 20.06%。不过男性社会流动性下降的比例也有所增加，而女性社会流动下降的比例几乎没有变化。男女社会流动性差距的巨大变化反映在社会中，从好的方面讲就是男女平等取得了良好发展，是我国民主化进程的重要成果；从不好的方面讲是社会热点问题"剩男剩女"现象产生的重要原因。在我国婚姻市场上，存在"男低配、女高配"的传统，而女性社会流动性的提高，使得女性在"向上看"找伴侣时，选择空间锐减，造成"剩女"现象较为严重，尤其是在城市里，大量社会地位较高的女性，由于选择标准较高而无法找到合适的结婚对象；与城市里"剩女"相对应的是农村的"剩男"问题，如表 4-21 所示，男性向上的社会流动性十分有限，很多男性的工作等外在条件已经无法在传统婚配结构中与女性匹配，尤其是农村贫困男性，他们连自己的生活都难以自给自足，更别说给女性以高昂的彩礼结婚了，所以造成了农村地区大量的"剩男"存在。

表4-21 区分男、女各个时期的上升、下降、不变的社会流动性

	上升	占比	下降	占比	不变	占比
男性						
1949—1958	679	9.29%	424	5.80%	2629	35.98%
1959—1979	1988	11.85%	1084	6.46%	5054	30.13%
1980—1990	1238	14.24%	667	7.67%	2212	25.44%
女性						
1949—1958	503	6.88%	483	6.61%	2589	35.43%
1959—1979	2163	12.89%	1100	6.56%	5386	32.11%
1980—1990	1744	20.06%	606	6.97%	2227	25.62%

数据来源：CGSS 数据库 2010—2013 年数据

3. 社会流动性变化的城乡差异

从图 4-6 可以看出，城市居民的社会流动性波动较大，总体呈现上升趋势，趋势线较为平缓；农村居民社会流动性上升速度明显较快，甚至快于城市居民，不过总体流动性水平依然较低。

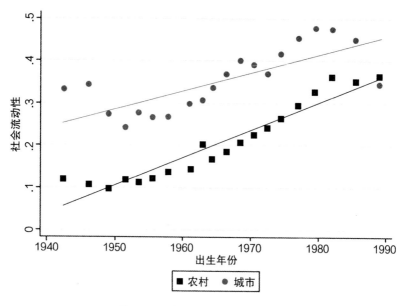

图 4-6　社会流动性城乡差异对比

数据来源：CGSS 数据库 2010—2013 年数据

从表 4-22 可以看出，在 1949—1958 年，城市社会流动性上升的被访者占人口总数的比重为 8.34%，下降的被访者比重为 6.71%，净增长比重为 1.63%；农村地区社会流动性上升的被访者占所有被访者的比重为 7.83%，社会流动性下降的被访者比重为 5.71%，净上升比重为 2.12%，略快于城市，不过二者变化都比较小。与前文分析类似，在这一时期我国经济比较封闭，城市居民主要在工厂工作，农村居民主要从事农业种植业，变化较小。在 1959—1979 年出生的人找工作时，我国社会已经进入改革开放时期，各种新的工种开始进入人们的视野，而原先城市工作者是有固定工作的，这时城市新兴的工作需求，往往更多地需要农村劳动力，所以在这一时期，农村地区的社会流动性大于城市。不过，由于这一阶段进城务工的农村劳动者所从事的工作都是城市居民所不愿意从事的，所以工作一般不是很好。

在 1980—1990 年出生的居民中，城市社会流动性向上的被访者占人口总数的比重为 12.57%，下降的比重为 7.99%，社会流动性净上升比重为 4.58%；农村社会流动性上升的被访者占人口总数的比重为 21.75%，下降的比重为 6.66%，社会流动性净上升比重为 15.09%，远远快于城市地区社会流动性的净上升比重。这一时期出生的人在找工作时正赶上我国改革开放的深化时期，尤其是国企改革已经基本完成，市场经济占据主导地位，在经济高速发展的背景下，工业经济取得了快速发展，中国已经成为世界的代工厂，为广大农村居民提供了良好的就业机会，大量农村居民进城务工。而且伴随着我国教育事业的快速发展，更多农村学生有机会进入大学，接受高等教育，进而从事高质量的工作。因此，这段时间进入城市的农村居民不仅数量巨大，而且找的工作相对而言也更好了。

表 4-22　区分城乡各个时期的社会流动性

	上升	占比	下降	占比	不变	占比
城市						
1949—1958	609	8.34%	490	6.71%	1197	16.39%
1959—1979	1684	10.04%	1016	6.06%	2085	12.43%
1980—1990	1092	12.57%	694	7.99%	1096	12.61%
农村						
1949—1958	572	7.83%	417	5.71%	4019	55.02%
1959—1979	2466	14.70%	1167	6.96%	8353	49.81%
1980—1990	1890	21.75%	579	6.66%	3339	38.42%

数据来源：CGSS 数据库 2010—2013 年数据

4. 家庭背景与子女社会流动性的关系

为了进一步了解家庭背景对子女社会流动性的影响，本书按照父亲职业的分类，整理了子女社会流动性的变化情况。由于父亲是第一层次的工作者，子女没有下降的空间，父亲是第三层次的工作者，子女没有上升的空间，因此表 4-23 中在父亲是第一层次的工作中没有列子女社会流动性下降的数据，在父亲是第三层次的工作中，没有列出子女社会流动性上升的数据。具体而言，从表 4-23 可以看出，在 1949—1958 年出生的人中，如果父亲从事第一层次的工作，其社会流动性上升的被访者在总人口中的比重为 18.14%；如果父亲从事第二层次的工作，自身社会流动性的上升比例为 13.68%，而社会流动性下降的比例却高达 60.99%，净社会上升的比例为 -47.31%，即这一时期属于第二层次的工作者，子女的社会流动性倾向于往下走。这是因为对于这部分出生的人而言，他们在刚开始找工作时，很大程度上还处于"文革"时期，比较多的第二层次工作者开始上山下乡，他们的子女也被迫跟随他们从事了第一层次的工作，导致父亲是第二层次的工作者，其子女的社会流动性向下走。在 1959—1979 年出生的人，父亲从事第一层次的工作，自身社会流动性上升的比例为 29.50%；父亲从事第二层次的工作，其社会流动性上升的比例为 14.38%，下降的比例为 46.91%，社会流动性净下降比例为 32.53%，从事第二层次工作的人，其子女社会流动性下降倾向仍然十分严峻。这是因为在这一时期出生的人在找工作时，遇到了我国改革开放和市场化经济转型，中国成了世界名副其实的代工厂，工作机会多了，但总体工作性质的质量还没有提上去，所以虽然父亲是第二层次的工作者，但自身更多地只能从事第一层次的工作。在 1980—1990 年出生的人中，如果父亲属于第一层次的工作人员，其自身社会流动性上升的比例为 43.13%；如果父亲是第二层次的工作人员，自身社会流动性上升的比例为 16.54%，社会流动性下降的比例为 38.20%，社会流动性净下降的比例为 21.66%，下降稍有减缓，不过依然严重。另外，从表 4-23 可以看到，如果父亲从事第三层次的工作，子女在三个时期职业流动性下降的比例依次为 21.67%、24.19% 和 21.80%，下降比例较大、波动不大。从父亲从事第二、三层次的工作、子女社会流动性向下流动比例依然较大的情况来看，我国整体处于经济高速发展阶段，社会流动性整体向上趋势明显，不过社会机会仍然较为公平，社会流动性变化较大，社会阶层不至于固化。

表 4-23　父亲从事职业的层次对子女的影响

	上升	占比	下降	占比	不变	占比
父亲是最低职业，子女职业不变和上升						
1949—1958	1,088	18.14%			4,909	81.86%
1959—1979	3,911	29.50%			9,347	70.50%
1980—1990	2,785	43.13%			3,672	56.87%
父亲是中间，子女职业下降、不变和上升						
1949—1958	94	13.68%	419	60.99%	174	25.33%
1959—1979	240	14.38%	783	46.91%	646	38.71%
1980—1990	197	16.54%	455	38.20%	539	45.26%
父亲是最好，子女职业下降和不变						
1949—1958			135	21.67%	488	78.33%
1959—1979			447	24.19%	1,401	75.81%
1980—1990			228	21.80%	818	78.20%

数据来源：CGSS 数据库 2010—2013 年数据

5. 样本的统计性描述分析

在探究社会流动性变化原因之前，先来分析我们所用 CGSS 数据的基本统计结果。从表 4-24 可以看出，在从事第一层次的工作者中，被访者的性别比例比较均衡。在第二层次的被访者中男性占比开始明显低于女性，而且还存在下降趋势，这与表 4-21 中女性社会流动性上升快于男性是相对应的，一方面在我国教育事业取得快速发展，尤其是义务教育普及的情况下，与以往相比女性的受教育程度有了较大提高，为她们社会流动性的提高提供了保障；另一方面在独生子女政策落实以后，女孩比以往获得了更大比例的家庭资源。因此，很多女性在此基础上社会流动性大大提升，已经占据第二层的主力位置。对于第三层次，在 1949—1958 年间，男性的比例为 69.49%，占据绝大部分的第三层次工作，是女性的两倍多，在接下来的两个时期，男性的比例不断下降，女性的比例持续上升，到第三时期，男性的比例已经开始少于女性。这一方面表明女性社会地位的上升、工作职位级别的提高，另一方面也表明职业地位的提升与教育、资源等关系密切，这一结论本书将在下文中给出实证分析。

为了分析第五章中社会流动性的影响，这儿我们还对被访者的婚姻状况给出了一些统计分析。通过各个工作层次和各个时期的对比发现，工作层次水平越高，初婚年龄越大；第三层次工作者各时期的初婚年龄略高于第二层次工作者的初婚年龄，不过总体差别不大，他们的初婚年龄普遍比第一层次工作者的初婚年龄大一岁左右。这是因为第一层的工作者大部分来自农村，我国城乡婚姻年龄有一定差距（在第五章会有更详细的分析），第一层次的工作者为体力劳动工作者，受教育年限普遍较低、工作较早，造成他们结婚也较早，而第二、三层次的工作者受教育年限较高，要想晋升为管理者需要的时间较多，因此推迟了他们结婚的年龄，使得他们的初婚年龄略高一些。对于是否结婚而言，我们看到在 1949—1958 年和 1959—1979 年出生的人由于年龄已经较大，他们普遍都已经结婚，这里重点分析的是 1980—1990 年出生的工作者。从低往高，工作层次越高结婚的概率越大，这里需要强调的是，这一结果并不是要说明工作层次与结婚概率成正比，之所以不能这样分析是受限于数据调查问卷。

而对于受教育年限，可以清楚地看出工作层次越高，受教育年限越多，不过教育层次与受教育年限之间的关系正在弱化、差距正在缩小。从表 4-24 可以看出，在 1949—1958 年出生的人，各阶层工作者的平均受教育年限，处于第一层次的工作者受教育年限为 6.10 年，处于第二层次的工作者受教育年限为 9.38 年，处于第三层次的工作者受教育年限为 11.70 年，第一、二层次之间受教育年限相差 53.77%，第二、三层次之间受教育年限相差 24.75%；在 1959—1979 年出生的人，处于第一层次的工作者受教育年限为 7.79 年，处于第二层次的工作者受教育年限为 11.07 年，处于第三层次的工作者受教育年限为 12.94 年，第一、二层次的工作者之间受教育年限相差 42.04%，第二、三层次之间的工作者受教育年限相差 16.91%；在 1980—1990 年出生的人，处于第一层次的工作者受教育年限为 10.48 年，处于第二层次的工作者受教育年限为 12.33 年，处于第三层次的工作者受教育年限为 14.06 年，第一、二层次之间的工作者受教育年限相差 17.64%，第二、三层次之间的工作者受教育年限相差 14.07%。这表明：第一，我国教育事业的快速发展，享受实惠最多的是处于底层的工作者，他们的受教育年限增长最快，平均增长了 72%；第二，我国在教育事业上的投资尤其是义务教育阶段的投资取得了显著成效，所有层次的工作者平均受教育年限都有一定的提高；第三，各层次工作者之间的受教育年限差距正在不断缩小，这预示着我国的社会差距也在缩小。

从家庭背景来看，处于第一层次的工作者，其父亲职业的平均值为1.23；处于第二层的工作者，其父亲职业的平均值为1.46；处于第三层的工作者，其父亲职业的平均值为1.60。这表明各个层次的工作者，其工作与家庭背景，尤其是父亲的职业有密切关系，不过细分来看可以知道，这种差距关系正在弱化。处于第一层次的工作者，其父亲的受教育年限从1.19上升到了1.28，上升了0.09；处于第二层次的工作者，其父亲的受教育年限从1.47下降到了1.45，下降了0.02；处于第三层次的工作者，其父亲的受教育年限从1.59下降到了1.58，下降了0.01。这表明各层次工作者之间受到父辈的影响正在弱化，与前文中我国社会流动性上升是相对应的。从父亲的受教育年限来看，在1949—1958年出生的人，处于第一层次的工作者，其父亲受教育年限只有2.78年，处于第二层次的工作者，其父亲受教育年限只有4.79年，处于第三层次的工作者，其父亲受教育年限只有5.24年，第一、二层次被访者其父亲受教育年限相差72.18%，第二、三层次被访者其父亲受教育年限相差9.55%；在1959—1979年出生的人，处于第一层次的工作者，其父亲受教育年限只有4.29年，处于第二层次的工作者，其父亲受教育年限只有6.78年，处于第三层次的工作者，其父亲受教育年限只有7.62年，第一、二层次被访者其父亲受教育年限相差58.05%，第二、三层次被访者其父亲受教育年限相差12.40%；在1980—1990年出生的人，处于第一层次的工作者，其父亲受教育年限只有7.77年，处于第二层次的工作者，其父亲受教育年限只有8.89年，处于第三层次的工作者，其父亲受教育年限只有9.50年，第一、二层次被访者其父亲受教育年限相差14.35%，第二、三层次被访者其父亲受教育年限相差6.91%。这表明不仅是子代各层次工作者之间受教育年限差距正在缩小。通过这样的结果我们更加有理由相信，我国社会流动性的提高与教育密切相关，是经济发展背景下，受教育水平促进的结果。这一点本书将在下文的实证分析中着重论证。

从城乡差异来看，从事第一层次工作的劳动者，城市户籍劳动者较少，而从事第二、三层次工作的劳动者，城市户籍劳动者占据较大比例，不过在第二层次的工作者中，城市户籍劳动者存在明显的下降趋势，城市户籍劳动者从 57.50% 下降到了 40.21%，下降了 17.29%；第三层次的工作也面临着同样的问题，只是下降比例略微少一点，城市户籍劳动者从 58.17% 下降到了 46.65%，下降了 11.52%。

表 4-24　样本整体的统计性描述分析

	男性	初婚年龄	教育	是否结婚	年龄	父亲职业	父亲教育	城市户籍
自己是底层								
1949—1958	49.76%	23.87	6.10	98.00%	58.44	1.19	2.78	23.79%
1959—1979	49.02%	23.19	7.79	97.52%	44.46	1.21	4.29	18.36%
1980—1990	51.38%	22.61	10.48	59.20%	25.88	1.28	7.77	25.10%
自己是中层								
1949—1958	47.34%	25.31	9.38	99.13%	58.40	1.47	4.79	57.50%
1959—1979	42.77%	24.30	11.07	97.60%	43.24	1.47	6.78	48.22%
1980—1990	40.87%	23.96	12.33	60.28%	27.22	1.45	8.89	40.21%

	男性	初婚年龄	教育	是否结婚	年龄	父亲职业	父亲教育	城市户籍
			自己是上层					
1949—1958	69.49%	25.88	11.70	99.02%	58.61	1.59	5.24	58.17%
1959—1979	57.82%	24.77	12.94	98.11%	43.10	1.63	7.62	45.34%
1980—1990	48.55%	24.77	14.06	63.32%	28.31	1.58	9.50	46.65%

数据来源：CGSS 数据库 2010—2013 年数据

从表 4-25 可以更清楚地看到，社会流动性上升的群体，其教育水平明显更高。在 1949—1958 年出生的人中，社会流动性下降或不变的群体，他们的受教育年限平均只有 6.61 年；社会流动性上升的群体，平均受教育年限为 9.93 年，相比于社会流动性下降或不变的群体，其受教育程度高出 50.23%。在 1959—1979 年出生的人中，社会流动性下降或不变的群体，他们的受教育年限平均只有 8.58 年；社会流动性上升的群体，平均受教育年限为 11.38 年，相比于社会流动性下降或不变的群体，其受教育程度高出 32.63%；在 1980—1990 年出生的人中，社会流动性下降或不变的群体，他们的受教育年限平均只有 11.06 年；社会流动性上升的群体，平均受教育年限为 12.61 年，相比于社会流动性下降或不变的群体，其受教育程度高出 14.01%。也就是说，教育在社会流动性的上升中发挥着重要作用，受教育年限高的人，社会流动性上升的可能性会更大，只是随着我国义务教育的普及和高等教育水平的发展，更多的人接受了教育，教育在不同群体之间的差异正在日益减少。

表 4-25 社会流动性的影响因素表

年份	男性	初婚年份	教育	是否结婚	年龄
社会流动性下降或不变					
1949—1958	49.77%	1977	6.61	98.17%	57.94
1959—1979	48.64%	1991	8.58	97.19%	43.13
1980—1990	50.16%	2006	11.06	65.56%	26.67
社会流动性上升					
1949—1958	57.29%	1979	9.93	99.02%	58.01
1959—1979	47.52%	1994	11.38	97.46%	41.81
1980—1990	41.12%	2007	12.61	63.08%	27.24

数据来源：CGSS 数据库 2010—2013 年数据

4.4 社会流动性变化原因的实证分析

在进行实证分析之前，先了解一下所用的变量情况，被解释变量为社会流动性变化，分为上升、不变和下降。因为在第五章分析社会流动性对"剩女"的影响，所以这儿的性别选择了女性，如果是女性则取值为1，如果为男性则取值为0。为了更好地了解社会流动性的时间变化，如前文所述，我们选择三个时期，第一个时期划分为1949—1958年，这一方面是因为我国颁布了《中华人民共和国户口登记条例》，城乡二元结构正式拉开序幕，也是我们研究城乡二元结构的基础；另一方面，在这10年之间出生的人，家庭受传统思想影响较大，存在传统的"重男轻女"思想，是女性受教育程度差的重要原因；而且1958年之前各个大的政治运动还没有开展，各种家庭受到的冲击不大，保持了新中国成立前的家庭结构和模式，能够有效了解新中国成立初期的一般家庭状况。而1980年9月，我国颁布了《关于控制我国人口增长问题致全体共产党员、全体共青团员的公开信》，开始在城市和共产党员中正式实施计划生育政策，一家只有一个小孩开始推广，在独生子女政策实施以后，由于家庭中孩子数量大面积减少，教育质量显著提高，尤其对于女孩，在传统"重男轻女"思想的影响下，家庭资源往往更多地集中于男孩身上，而独生子女政策实施以后，家庭已经失去了选择的机会，女孩获得了前所未有的家庭资源配比，是女性受教育水平提高、资源拥有量增长的最优时期。为了研究城乡差异造成的影响以及第五章中提到的"剩女"现象，这儿使用了户籍变量urban，如果被访者是城市户籍，则取值为1；如果被访者是农村户口，则取值为0。从第三章分析中可以看出，不管是子代还是父代，其社会地位、社会流动性都与教育密切相关，我们有理由怀疑，教育是社会流动性的重要影响因素，因此这儿取了被访者的受教育年限作为教育变量进行分析。

表4-26　变量名称及其定义

变量符号	中文名称	变量定义
female	女性	是否为女性，如果是，则变量取值为1；反之为0
g1	第一时期	1949—1958 年
g2	第二时期	1959—1979 年
g3	第三时期	1980—1990 年
age	年龄	被访者的实际年龄
age2	年龄的平方	对被访者的年龄取平方
urban	户口属性	如果是城市户籍的居民，取值为1；否则，取值为0
edu	受教育程度	使用被访者的受教育年限表示

续表

变量符号	中文名称	变量定义
post	职业层次	本书根据从业者的工作性质,分为三个层次,第一层次劳动者主要从事体力工作,例如务农、工厂工人等;第二层次是企业中下层管理者,主要工作职责已经不是体力劳动,而是管理,例如中小企业的小组长、企业的部门经理等;第三层次劳动者主要是白领、国家公职人员等

我们分别使用了 OLS 方法、Logit 模型和 Probit 模型对社会流动性进行回归,研究结果如表 4-27 所示。本书将 OLS 方法结果作为对比,主要分析 Logit 模型的结果。从 post 为负的系数可以知道,职位越高社会流动性越低,这是出于三个方面的原因:第一,按照研究惯例,本书划分了职业的三个层次,当到第三个层次以后,社会流动性已经无法上升,所以在父亲为第三层次工作者时,子代的社会流动性已经无法上升,最多维持不变状态;第二,在我国经济快速发展阶段,出现了很多新的工作,尤其是在我国 20 世纪八九十年代和 21 世纪初期的工业化浪潮中,制造业发展迅速,在中国成为世界代工厂的背景下,大量招募了生产线工人,因此这一时期大量农民涌入城里,改变了第一层次农村被访者的工作层次,所以层次高的无法上升、层次低的上升机会却加大了;第三,随着国家教育经费投入的增加和义务教育的普及,更多的适龄学生有机会上学,如在第三章宏观经济背景中所述,截至 2015 年底,本专科学生的毛入学率已经高达 80%,大量农村学员通过获得教育的方式提升了自己的社会地位,促进了社会流动性的提高。

女性社会流动性的提高较为显著。这是因为:首先,本章的研究从 1949 年开始,受传统思想的束缚,早期女性地位较低,新中国成立后对女性地位的提高一直持开放的态度,为女性社会地位提高、向上的社会流动性提供了良好的社会环境；其次，近年来我国与世界联系比较密切，受到世界女权运动思想的影响和国家发展的需要，在公共机构、立法保障等方面都着重为女性社会地位的提升提供了保障；最后，独生子女政策实施之后，女性快速获得了更多的家庭资源配比，为女性社会地位的提升打下了良好的经济基础。而且在中国传统文化中，女性一般在家相夫教子，并不参加社会工作，但在新时期和新的经济形势下，女性已经完全适应了社会工作要求，并且在会计、教师、生产线工人等工种中占据了绝对的优势，成为社会工作的主力军，和男性的工作没有太大的差别。

在各个时期，社会流动性有所差异，对于第一、第二阶段出生的人，社会流动性有下降的趋势，不过第一阶段的不显著，其符号为负，第二阶段的系数很小，即影响很小。这可能是因为在第一阶段出生的人，其开始工作时大部分是在"文革"时期，这时我国主要处于农业社会，农村大部分人的工作是务农，而且子承父业，农民进城务工的比例较小；在城市里大部分都是工人，工人的职业被称为"铁饭碗"，即很稳定、变化不大。这一时期社会比较固化，存在一定的社会流动，但流动不是很明显。在第二时期，我国仍然处于社会固化的阶段，只是其他正向因素较多，对社会流动性的影响呈现正向的作用，单从时代来看，略显负向影响。在第三时期，随着经济的发展和城乡户籍影响的减小，再加上我国向市场经济的转变开始加速，时代的社会流动性有正向的倾向。

在 Logit 模型中，城市变量并不显著，不过在 OLS 和 Probit 模型中可以看到，城市的社会流动性会高一点。这是因为城市经济发展得更好，各个层次的工作需求更多，为社会工作者提供了更多的工作机会，这样就有利于社会流动性的提升。教育对社会流动性变化的影响十分明显，其系数大小仅次于性别。正如前文中所述，教育对社会流动性增加的作用越来越大，主要出于三个方面的原因：第一，国家对教育的重视程度日益增加，国家不断通过法律、法规等政策因素强调教育的重要性，将发展教育放在了基本国策的高度上，为教育事业的发展提供了国家层面的保障；第二，财政性教育经费的投入逐年增加，在2012年以后，财政性教育经费的支出占比已经超过了4%，直到2016年，这一比例都在4%以上，在此基础上各层次招生规模不断扩大，截至2015年，本专科高校招生规模已经接近当年高考学生规模的80%，为广大学员提供了良好的受教育机会，教育事业的发展已经深入社会发展的各个角落；第三，我国正在形成各个层次相配套的职业教育体系，甚至在进入企业以后，也积极鼓励企业培训。这些都为劳动者提供了学习机会，提高了自身素养和工作技能，有利于劳动者社会流动性的提高。

表 4-27　社会流动性初步回归结果

变量名称	OLS	OLS	Logit	Logit	Probit	Probit
post	−0.0548**	−0.0089	−0.2987**	−0.0129	−0.1748**	−0.0015
	(0.0253)	(0.0290)	(0.1437)	(0.1479)	(0.0811)	(0.0868)
expand	0.0537	0.0056	0.2500	0.0496	0.1478	0.0169
	(0.0338)	(0.0198)	(0.1600)	(0.1026)	(0.0950)	(0.0602)
female	0.0572***	0.0568***	0.3112***	0.3185***	0.1840***	0.1852***
	(0.0061)	(0.0061)	(0.0330)	(0.0335)	(0.0193)	(0.0200)
g1		−0.0013		−0.0038		−0.0029
		(0.0009)		(0.0047)		(0.0026)
g2		−0.0000*		−0.0001**		−0.0000**
		(0.0000)		(0.0000)		(0.0000)

变量名称	OLS	OLS	Logit	Logit	Probit	Probit
g3		-0.0000***		-0.00***		-0.00***
		(0.0000)		(0.0000)		(0.0000)
age	0.0012	-0.0526***	0.0155	-0.37***	0.0063	-0.209***
	(0.0066)	(0.0043)	(0.0374)	(0.0349)	(0.0212)	(0.0193)
age2	-0.0000	0.0008***	-0.0003	0.0057***	-0.0002	0.0032***
	(0.0001)	(0.0001)	(0.0004)	(0.0005)	(0.0002)	(0.0003)
urban	0.0176*	0.0159*	0.0730	0.0433	0.0544*	0.0362
	(0.0098)	(0.0084)	(0.0529)	(0.0446)	(0.0312)	(0.0267)
edu	0.0280***	0.0280***	0.1978***	0.2015***	0.1112***	0.1125***
	(0.0015)	(0.0015)	(0.0089)	(0.0089)	(0.0049)	(0.0049)
Constant	0.0969	1.0628***	-2.6474***	3.9404***	-1.4757***	2.2139***
	(0.1626)	(0.0922)	(0.8747)	(0.6381)	(0.5027)	(0.3597)
Observations	35,264	34,928	35,264	34,928	35,264	34,928
R-squared	0.1206	0.1347				
Provincial FE	YES	YES	YES	YES	YES	YES

Robust standard errors in parentheses

*** p<0.01, ** p<0.05, * p<0.1

数据来源：CGSS 数据库 2010—2013 年数据

为了解决初步回归可能存在的内生性问题，本书进一步进行二阶段回归，其结果如表 4-28 所示。城市户籍的影响更加显现，其解释与对表 4-26

的解释类似，不再赘述。从出生年份来看，出生年份越大，社会流动性越高。这是因为越晚出生的人，受教育程度越高，而新形势下我国的工作机会也将更多，所以社会流动性上升的趋势会更加明了。

表 4-28　二阶段回归结果

变量名称	edu2sls	edusimlk	eduprobit	eduprobit
edu	-0.0067	-0.0066	0.0008	
	(0.0063)	(0.0089)	(0.0113)	
expand	0.0038	0.0546***	-0.1047**	0.0825
	(0.0189)	(0.0163)	(0.0437)	(0.1103)
birthyear		0.0057***	0.0459***	0.1398***
		(0.0013)	(0.0034)	(0.0078)
urban	0.1035***	0.1038***	0.3075***	2.7003***
	(0.0158)	(0.0236)	(0.0318)	(0.0424)
Constant	1.5021***	-10.7204***	-90.8563***	-264.1703***
	(0.0955)	(2.3693)	(6.6959)	(15.3141)
Observations	36,537	36,537	36,537	36,537
Provincial FE	YES	YES	YES	YES

Robust standard errors in parentheses
*** p<0.01, ** p<0.05, * p<0.1
数据来源：CGSS 数据库 2010—2013 年数据

为了更好地了解各个影响因素对社会流动性的作用，这儿我们细分了城乡和男女社会流动性的影响因素，其结果如表 4-29 所示。就教育而言，不管男女都有比较积极的影响，系数大小也基本相同，这就可以理解为教育的影响差异不明显；教育对城乡差异的影响开始有了变化，虽然教育在对农村社会流动性的影响中并不显著，不过从符号来看还是正的，即随着教育水平的提高，农村居民社会流动性向上提升的可能性更大一些，这与前文中社会流动性的测算表格是相对应的，即农村的社会流动性向上的比例较大，而且社会流动性提升的速度在加快。教育在对城市的影响中就显示出了显著的负向作用。这是因为城市居民从事的工作层次普遍更高，如果一个人的父亲在第三层次工作，而他（她）在接受良好的教育之后，更有可能在第三层次工作，也只是维持了社会流动性的不变，但是那些接受教育不好的人，其社会流动性下降的可能性会更大。

对于扩展时期社会流动性的变化，城乡差异不够显著，这儿不再做更多的解释；只是扩展时期出生的男性的社会流动性上升的可能性减小。这一阶段出生的男性，家庭氛围、培养模式都是按照以前模式进行的，在新时期的发展中，其发展都要受到掣肘，社会流动性很难提高，甚至出现一定的下调趋势。

表 4-29   对城乡和男女的回归结果

变量名称	female	male	rural	urban
edu	0.0310***	0.0311***	0.0024	−0.0957**
	(0.0034)	(0.0044)	(0.0049)	(0.0402)
expand	0.0314	−0.0359**	0.0268	−0.0340
	(0.0235)	(0.0169)	(0.0181)	(0.0424)
Constant	0.9079***	0.9051***	1.1323***	3.8858***
	(0.1110)	(0.1015)	(0.0995)	(0.7181)

变量名称	female	male	rural	urban
Observations	18,555	17,982	25,512	11,025
R-squared	0.1310	0.1211	0.0889	
Provincial FE	YES	YES	YES	YES

Robust standard errors in parentheses

*** p<0.01, ** p<0.05, * p<0.1

数据来源：CGSS 数据库 2010—2013 年数据

在以上分析的基础上，本书将继续对各个时期出生的被访者，进行相应的回归，以期更加细致地了解社会流动性变化的历程。从表4-30、表4-31、表4-32 可以看出，教育、性别和城乡差异一直十分显著，对我国社会流动性变化影响巨大。

表 4-30　对 1949—1958 年出生人口的回归结果

变量名称	OLS	Logit	Probit
female	0.0214*	0.1040	0.0645
	(0.0104)	(0.0914)	(0.0489)
age	-0.0242	-0.1267	-0.0298
	(0.0951)	(0.7900)	(0.4424)
age2	0.0003	0.0016	0.0005
	(0.0008)	(0.0067)	(0.0038)
urban	0.0593***	0.4024***	0.2255***
	(0.0118)	(0.0766)	(0.0442)

变量名称	OLS	Logit	Probit
edu	0.0211***	0.2187***	0.1115***
	(0.0012)	(0.0155)	(0.0082)
Constant	0.5274	-1.6771	-2.0191
	(2.7819)	(23.0826)	(12.9225)
Observations	6,856	6,846	6,846
R-squared	0.1249		
Provincial FE	YES	YES	YES

Robust standard errors in parentheses

*** p<0.01, ** p<0.05, * p<0.1

数据来源：CGSS 数据库 2010—2013 年数据

表 4-31　对 1959—1979 年出生人口的回归结果

变量名称	OLS	Logit	Probit
female	0.0214*	0.1040	0.0645
	(0.0104)	(0.0914)	(0.0489)
age	-0.0242	-0.1267	-0.0298
	(0.0951)	(0.7900)	(0.4424)
age2	0.0003	0.0016	0.0005
	(0.0008)	(0.0067)	(0.0038)
urban	0.0593***	0.4024***	0.2255***
	(0.0118)	(0.0766)	(0.0442)
edu	0.0211***	0.2187***	0.1115***
	(0.0012)	(0.0155)	(0.0082)

变量名称	OLS	Logit	Probit
Constant	0.5274	-1.6771	-2.0191
	(2.7819)	(23.0826)	(12.9225)
Observations	6,856	6,846	6,846
R-squared	0.1249		
Provincial FE	YES	YES	YES

Robust standard errors in parentheses

*** p<0.01, ** p<0.05, * p<0.1

数据来源：CGSS 数据库 2010—2013 年数据

表 4-32 对 1980—1990 年出生人口的回归结果

变量名称	OLS	Logit	Probit
female	0.0206*	0.1087	0.0590
	(0.0108)	(0.0970)	(0.0531)
age	-0.0623	-0.6709	-0.2934
	(0.0602)	(0.5397)	(0.3087)
age2	0.0008	0.0086*	0.0040
	(0.0005)	(0.0049)	(0.0028)
urban	0.0474***	0.2771***	0.1626***
	(0.0119)	(0.0839)	(0.0469)
edu	0.0205***	0.2180***	0.1105***
	(0.0011)	(0.0148)	(0.0078)
Constant	1.3213	11.2933	4.1195
	(1.7248)	(15.3300)	(8.7682)

变量名称	OLS	logit	probit
Observations	6,766	6,756	6,756
R-squared	0.1361		
Provincial FE	YES	YES	YES

Robust standard errors in parentheses

*** p<0.01, ** p<0.05, * p<0.1

数据来源：CGSS 数据库 2010—2013 年数据

4.5 本章小结

本章主要分为三部分，第一部分是对我国宏观背景的分析，第二部分是对我国社会流动性大小的测量和变化趋势的分析，第三部分是对社会流动性变化原因的实证分析。在第一部分，主要介绍了城乡差异、教育发展及人口结构变化情况，以便为以后章节的实证分析提供宏观背景依据。具体来看，在城乡二元发展模式的影响下，城乡居民存在较大的收入差异、储蓄差异和就业差异，造成了农村居民和城市居民在发展机会上存在一定的不平等；在教育方面，国家不断加大教育投入水平，为国民接受更高水平的教育提供了良好的机会，经过多年的发展，我国已经可以为大部分适龄学员提供接受高等教育的机会；在人口结构变化中，存在老龄化严重、人口性别结构失衡的现象，在 20 世纪 80 年代实行较为严格的计划生育政策以后，我国人口出生率大大降低，随着经济发展水平和科技水平的提高，人们的寿命不断延长，从而使得我国的人口结构发生了质的变化，提前进入了老龄化社会；而由于受传统思想影响，在独生子女政策以后男孩受到更多家庭的偏爱，使得男性出生率远远高于女性，人口性别结构失衡。

在第二部分的分析中，主要测定了各个阶段总的社会流动性变化及社会流动性的性别、城乡差异。我国社会流动性经历了一些变化，但从新中国成立以后总体呈现上升的趋势。在第一阶段，人们受到传统思想的影响，更倾向于从事与父辈同样或相似的工作，而且新中国成立以后比较崇尚工业和农业，一些在新中国成立前从事第二、三层次工作的人，在新政权下开始从事农业和工业，尤其是他们的子女，工作往往不如他们好，因此呈现出社会流动性下降的趋势。随着经济的发展，第二阶段的社会流动性上升速度明显快于第一阶段社会流动性的上升速度。第三阶段社会流动性保持在了高位，有一定的下降压力。从社会流动性的性别差异来看，在前两个阶段，男性向上流动的速度快于女性，在第三阶段女性向上的流动速度已经超过了男性。从社会流动性的城乡差异来看，城市的总体社会流动性高于农村，农村向上的社会流动性高于城市。

　　第三部分探究了社会流动性变化的原因。就教育而言，不管男女都有比较积极的影响，对整个社会流动性有显著的促进作用；教育对城乡居民的影响有一定差异，虽然教育在对农村社会流动性的影响中并不显著，不过随着教育水平的提高，农村居民社会流动性向上提升的可能性更大一些，教育在对城市的影响中显示出了负向作用。这是因为城市居民从事的工作层次普遍更高，如果一个人的父亲在第三层次工作，而他（她）在接受良好的教育之后，即使在第三层次工作，也只是维持了社会流动性的不变，但是那些接受教育不好的人，其社会流动性下降的可能性会更大。

　　从社会流动性的性别差异来看，女性社会流动性的提高较为显著。这是因为受传统思想的束缚，早期女性地位较低，新中国成立后对女性地位的提高一直持开放的态度，为女性社会地位提高、向上的社会流动性提供了良好的社会环境；而且独生子女政策实施之后，女性获得了更多的家庭资源配比，为其社会地位的提升提供了良好的条件。在中国传统文化中，女性一般在家相夫教子，并不参加社会工作，但在新时期和新的经济形势下，女性已经完全适应了社会工作要求，成为社会工作的主力军，和男性的工作没有太大的差别。

在各个时期，社会流动性有所差异，对于第一、第二阶段出生的人，社会流动性有下降的趋势。这可能是因为在第一阶段出生的人，开始工作时大部分是在"文革"时期，这时我国处于农业社会，农村大部分人的工作是务农，而且子承父业，农民进城务工的比例较小；在城市里大部分都是工人，工人的职业被称为"铁饭碗"，很稳定、变化不大。这一时期社会比较固化，存在一定的社会流动，但流动不是很明显。第二时期的社会流动性仍然处于固化的阶段，只是其他正向因素较多，对社会流动性的影响呈现正向的作用，单从时代来看，略显负向影响。在第三时期，随着经济的发展和城乡户籍影响的缩小，再加上向市场经济的转变开始加速，社会流动性有正向的倾向。

第五章　社会流动性变化导致的结果：
剩男剩女

本章使用 CGSS 数据库中 2010—2013 年的数据，通过 Probit 模型、Logit 模型和工具变量法，分析社会流动性对我国居民婚姻和初婚年龄的影响，发现随着社会流动性的上升，女性结婚的概率有所下降，男性结婚的概率正在提升，不过单身男女的初婚年龄有明显推迟的倾向，这可能就是我们通常见到的"剩女"现象。优越的家庭背景对青年人的婚姻帮助不大，反而降低了他们结婚的概率，推迟了他们初婚的年龄；而以党员身份为代表的个人能力对婚姻十分有益，不仅提升了个体的结婚概率，还有利于个体尽早结婚，在婚姻市场中发挥了积极作用。

5.1 背景介绍

随着我国城市化进程不断加快，社会流动性增强。近年来，我国经济不断发展，人均 GDP 已经从 2000 年的 7942 元增加到了 2015 年的 49992 元，国民收入水平取得了长足的发展。由于受到城乡二元结构差异的影响，越来越多的农村人口开始进城务工，由此产生了规模庞大的流动人口，截至 2015 年底，这一群体规模达到了 2.47 亿人次，占到我国人口规模总量的 17.97%。2014 年 7 月，国务院发布《关于进一步推进户籍制度改革的意见》，该意见指出到 2020 年，实现 1 亿农业转移人口和其他常住人口在城镇落户，而截至 2016 年，我国城镇人口规模已经达到 7.71 亿人次，占比达到 56.1%，主要是农村务工人口向城市的人口转移促进了城市人口规模的扩大。[①] 与经济、社会发展同时发生的，还有社会流动性的增强。

社会流动性是指在分层的社会中，个体或群体社会地位的改变，即他们从已有地位向新地位转变的过程（徐祥运等，2011；唐世平，2006；吴忠民等，1998；严善平，2000），社会流动性反映的是劳动者职业、收入、财富等在社会不同层次之间的长期动态关系（阳义南等，2015）。在社会流动性的变化过程中，人们的婚姻状况受到较大影响。在我国，普婚思想比较盛行。婚姻法规定，男性在 25 周岁、女性在 23 周岁及其以上都视为晚婚。随着我国教育水平的提高，男女受教育年限不断增加，在校期间结婚，沉没成本较高，不利于个人未来的发展，在校生一般会到毕业以后再结婚，这就推迟了初婚的年龄（Hogan 等，1986；Buchmann 等，2011；Juarez 等，2014）；新中国成立前，中国具有明显的"重男轻女"倾向，家庭较多的投资会放在男孩身上，在 1979 年独生子女政策影响下，很多家庭开始只有一个子女，在无法选择的情况下，更多的家庭资源开始投资在女孩身上，女孩的受教育年限和人力资本投资明显增加，其向上的社会流动更加顺畅。在"男低配、女高配"思想和女性社会经济地位提升的影响下，女性在流动性较高的社会中，向上流动速度超过男性，使其择偶空间减小，择偶难度增加，于是出现了"剩女"现象。

婚姻的形成：劳动分工。关于婚姻理论的最早实证研究可以追溯到贝克（1973），他认为婚姻是男女双方相互匹配的结果。在现代自由婚姻市

---

① 数据来源：《中国统计年鉴（2016）》。

场中，每个人都可以根据自己的意愿寻找伴侣，未婚男女在一起寻找伴侣的过程形成了婚姻市场，这个市场是竞争性的，可以使用偏好理论解释人们的行为。人们之所以愿意结婚，是因为他们可以从结合中获益，夫妻之间可以通过性别分工，使得男性更加专注于劳动力市场的工作，女性更加专注于家庭内部的工作（於嘉等，2013），夫妻在劳动分工中提高了各自的工作效率，获得了更大的收益（Preston 等，1975）。只有当结婚收益大于男女自身的收益时，才有利于婚姻的形成。因此，婚姻的形式、结婚的年龄、结婚的可能性在不断变化。那么在中国现代社会中，社会流动性对婚姻有哪些影响？婚姻还与哪些因素有关呢？这些都是本章研究的问题。

婚姻的形成不是随机的，而是由多种因素共同作用的结果（Gunter 等，2010），个人能力和家庭背景是其中最重要的影响因素（Kalmijn 等，1998）。婚姻是两个人的事情，却会受到两个家庭的影响：在解放以前，我国以包办婚姻为主，父母主宰了子女的婚姻，在子女婚姻的形成中发挥着主导作用；近年来随着社会的发展，子女受到教育、工作等多方面因素的影响，大多离开父母生活，其婚姻受到父母影响的程度逐渐减弱，而且受到西方思想的影响，很多父母也主动减少对子女婚姻的干预，但总体来看父母对子女婚姻的影响仍然存在。如果说父母在子女婚姻中发挥的是影响作用，那么个人能力和表现则是婚姻的决定因素，通常而言，一个人越优秀，越容易在婚姻市场上找到合适的伴侣，其初婚年龄越低。

新中国成立以来，我国一直是城乡二元结构，农村户籍和城市户籍居民在入学、医疗、就业等方面享受不同的待遇，这种影响也延伸到了婚姻市场。现实生活中我们经常听到"剩男剩女"问题，其实这是两个问题而且与城乡差距有关。截至 2015 年底，我国有男性人口 7.04 亿人，女性人口 6.70 亿人，男性比女性多 3400 万人，不存在真正意义上的"剩女"，只是随着社会经济的发展和女性地位的提升，在城市中出现了"白富美"阶层，她们对婚姻伴侣的条件要求较高，很难找到满足她们要求的结婚伴侣，因此在年龄较大时仍然没有结婚，他们的"剩下"不是真正的无法结婚，只是推迟结婚。真正的问题是农村地区由于自身条件差而只能单身的"剩男"，他们一方面由于女性数量不足，另一方面自身条件较差，生活条件恶劣，无法找到合适的结婚对象。伴随着我国人口结构的差异，这种问题将日益突出，存在较大的社会安全隐患。

5.2 文献综述

5.2.1 婚姻中男女的收益问题

自诞生以来，性别分工理论一直被用于解释婚姻的形成（Parsons等，1949）。性别分工理论强调在婚姻中，男性擅长在劳动力市场上的工作，女性偏好家庭内部事务，因此婚姻可以帮助男女双方专注于各自擅长的工作，促成了男女之间婚姻的形成（Becker，1974）。现代社会，技术和知识的发展降低了劳动力市场的门槛（Coughlin等，2011），为女性进入劳动力市场提供了便利，于是越来越多的女性参与到劳动力市场中，家庭内部男女的分工越来越模糊，女性在婚姻中的收益迅速减少，因此女性结婚的意愿逐渐降低，其初婚年龄也开始推迟（Goldscheider等，1986）。

1. 婚姻对男性的益处

已有研究表明，已婚男性的工资水平高于单身男性（Ginther等，2011；Hersch等，2000；Chun等，2001；Antonovics等，2004；Breusch等，2004；Isacsson等，2007；Petersen等，2011；Pollmann，2010；Ashwin等，2014），这究竟是好男人都结婚了，还是结婚使男性获益更多呢（Cornwell等，1997；Nakosteen等，1997；Krashinsky，2004）？王

智波等认为是后者（王智波等，2016）。婚姻究竟如何让男性获益呢？首先，在其他条件相同的情况下，已婚男性花费在家务上的时间比单身男性要少，婚姻可以使得男性更加专注于劳动市场，从而提高其工作效率，使其从工作中获益（Becker，1975）。其次，男性的责任感与婚姻溢价呈正相关关系，也就是说婚姻可以增加男性对于家庭的责任感，使其在工作中投入更多的工作时间和精力，进而提高其工资水平。这主要是因为一个人一旦具有某种身份，就会被社会期待去采取相应的行为，否则将会承担高昂的成本（Akerlof 等，2000；Akerlof 等，2010），男性在结婚以后会扮演家庭脊梁骨的角色，需要承担更多的责任，为家庭赚钱（雷晓燕等，2014）。最后，妻子可以增加男性的溢价，实现丈夫的价值。结婚以后，在妻子"相夫"之下，丈夫可以更好地发挥自身潜力，成为挣得高工资的"好男人"。具体来看，已婚男性的工资可以比非婚男性的工资高出 6.8%，而且男性工资的高低与女性在劳动市场的工作时间成反比，也就是说是妻子牺牲了自己的工作，帮助丈夫获得了工资溢价（Gray，1997）。综合以上三点可以看出，婚姻对男性十分有利，可以实现其自身的职场价值，并为其提供稳定的家庭，是男性最优的经济选择。

2. 女性喜欢"优质男"

雷晓燕等通过对 CHARLS 数据的分析发现，女性嫁给家庭背景好于自己的丈夫时，生活满意度将提升，抑郁程度会降低，其精神健康方面也将表现更好。相反，如果妻子的条件较好或者妻子的工资高于丈夫时，妻子的劳动参与率和工资水平会有下降的趋势，而且妻子和丈夫对于婚姻的满意度都会降低，甚至还会增加他们离婚的概率（Bertrand 等，2015）。这是因为在现代社会中，随着居民收入水平的提高和消费模式的转变，经济基础在婚姻中的作用日益突出，成为夫妻关系发展的重要动因，而男性在家庭中发挥着主导作用，其经济能力日益成为婚姻形成的必要条件（Mu等，2011），对婚姻生活产生了重要影响（Bennett 等，1989；Licher 等，1992；Qian 等，1993；South 等，1992）。良好的经济基础尤其是令人羡慕的工作，可以帮助妻子获得更多的幸福感（Sweeney，2002）。

但是在已有研究中，极少考虑户籍差异，为区分城市、农村地区男女的不同反应，本书将在已有研究的基础上，更加详细地区分城市男性、城市女性、农村男性和农村女性在结婚概率和初婚年龄上的影响因素，并给出相应的论证。

5.2.2 教育对社会流动性的促进作用

社会流动性受到多种因素的影响，教育最重要（孙三百等，2012）。在代际内，教育使得收入不平等的差距增加近 25%；在代际间，教育使得收入不平等的差距增大 50%，父母在义务教育阶段对子女的投资意义重大，会影响到他们未来的收入水平（杨娟等，2015）。个体差异可以分为先天性差异和后天性差异，子女之间存在先天性智力差异，不过这种差异较小，还会随着时间的推移减弱，但家庭的教育支出差距较大，扩大了不同个体之间后天性的差异；教育的影响反映在子女职业的选择方面也十分明显，教育投资能够显著增加子女成为管理人员和技术人员等高收入职业的概率，对他们未来职业发展有良好的促进作用（王学龙等，2015）；在现代社会中，我国工业化水平不断加强，职业分化越来越细，子女社会地位的取得更加依赖于自身的受教育程度，因此教育对社会流动性的作用也更加突出（李翼，2004）。此外，教育本身也具有明显的不平等，而且这种不平等还具有代际之间的传递性（李煜，2006），教育不平等同样对社会流动性具有重要影响（严善平，2000）；关于英国的研究表明，社会流动性有降低的趋势，这种趋势 85% 是由教育不平等造成的。因此，可以说教育及教育的不平等对社会流动性有重要影响，促进教育公平及教育的公共支出对社会流动性有很大的益处。

教育在代际之间具有重要的传递效应。周兴等（2014）的研究发现，教育可以显著降低子女职业向下流动的概率，提升其职业向上流动的机会，而且接受教育时间越长，子女职业向下流动的概率越低，向上流动的概率越高（谢正勤等，2006）。尤其是对于非农工作，教育通过提升人力资本因素，对工作效率影响非常大，是子代获得社会地位及父代影响子代的最主要路径。因此，本书将教育作为社会流动性的工具变量，对结婚概率和初婚年龄进行回归分析。

5.3 研究设计及描述性统计分析

5.3.1 数据介绍

本书使用 CGSS 数据库中 2010—2013 年的数据，分析社会流动性变迁对婚姻市场的影响。CGSS 数据库是中国第一个全国性、综合性、连续性的大型社会调查数据库，被广大学者应用于社会流动性和婚姻市场的研究中。在本章中，我们共选出样本 36942 个，其中城市样本 11134 个，农村样本 25808 个。在以往研究的基础上，本书将数据进行了更加详细的划分，即城市男性样本、城市女性样本、农村男性样本和农村女性样本，通过细分的样本可以更加清晰地看出社会流动性对婚姻市场的影响。调查变量包括是否加入共产党、职业、出生年份、结婚与否、个体自身社会的流动性情况、是否读过大学、第一次结婚的年龄以及是否为城镇户籍等。

5.3.2 统计性描述分析

1. 变量介绍

本书的实证研究分为两部分，第一部分研究社会流动性对婚姻市场的影响，被解释变量为年龄在 18 ～ 30 周岁之间结婚的概率；第二部分研究社会流动性对初婚年龄的影响，被解释变量为被访者的初婚年龄。

本书的数据主要可以分为两个层面，第一个为个体层面，第二个为家庭层面。其中，个体层面的信息包括是否加入共产党、职业、是否为城镇户籍、结婚与否、是否读过大学、出生年份以及第一次结婚的年龄等，这些信息可以有效衡量个人的社会地位、经济状况以及发展潜力。是否加入共产党、职业可以反映被调查者的社会地位，由于加入共产党要求具备一定的条件，可以享受一些作为党员的好处，如公务员、党员代表等；在 1996 年以前，中国城市的住房、教育、医疗等资源都是通过单位来分配的（Walder 等，1992），工作可以看作一个人社会经济地位的主要决定因素（Lin 等，1991；Bian 等，1994），这种思想也延续到了现在（吴晓刚，2007）。是否为城市户籍、结婚与否可以从侧面衡量一个人的经济状况，城市户籍意味着更多的就业机会和更好的工作条件，中国城乡收入差距较大，2015 年，农村居民人均可支配收入为 11422 元，城镇居民人均可支配收入为 31195 元，城乡居民收入比为 2.73，我国居民收入基尼系数为 0.462[①]；按照贝克（Becker）的婚姻匹配理论，婚姻市场是一个自由竞争的市场，人们更愿意寻找可以增加自身效益的伴侣，经济条件是一项重要条件，因此经济条件好的单身者更容易找到异性伴侣，尤其是男性。是否读过大学、出生年份和第一次结婚的年龄是个人发展潜力的重要指标。教育是人们收入差距的主要原因（李任玉等，2014），可以解释人们收入差距的 25% 左右，是一个人未来收入的重要指标。家庭层面的信息包括父亲和母亲是否为共产党员、父亲和母亲的受教育程度、父亲的职业等。父母是

---

① 数据来源：《中国统计年鉴（2016）》。

否为共产党员在一定程度上代表着父母手中的政治资源，李宏斌等（2012）发现父母的政治资源有助于子女在劳动力市场的表现，而这些表现可以有助于子女找到伴侣；父母的受教育年限对子女的个人条件有重要影响，一般呈正相关（Plug 等，2004；Black 等，2005；Chen 等，2009）。

表 5-1　总体统计的描述性统计

变量表示	变量名称	样本量	均值	标准差
party	是否入党	36,954.000	0.107	0.309
occ_choice	职业	36,954.000	1.449	0.681
urban	是否为城市户口	36,942.000	0.301	0.459
moveup	社会流动性	36,954.000	0.245	0.430
married	是否结婚	36,932.000	0.890	0.313
college	是否读大学	36,954.000	0.081	0.273
birthyear	出生年份	36,952.000	1,966.192	13.815
fparty	父亲是否入党	36,954.000	0.157	0.363
mparty	母亲是否入党	36,954.000	0.029	0.169
fedu	父亲的受教育年限	35,612.000	5.351	4.504
medu	母亲的受教育年限	36,128.000	3.968	3.792
Focc choice	父亲的职业	36,954.000	1.308	0.645
female	性别	36,954.000	0.508	0.500
firstmarage	初婚年龄	32,600.000	23.664	3.792

表 5-1 是样本变量名称及其基本情况，从表中可以看出，在所有被访者中，10.7% 的人是党员，这与党员在国民人口中的占比是一致的；30.1%

的人为城市户口，也与调研时期我国城镇户籍人口比例相近。这两个变量的结果在一定程度上表明 CGSS 数据库调研结果具有随机性的特点，间接验证了数据具有较好的代表性。在调研中，89% 的人已经结婚，这与被调研者的年龄有关，被调研者的平均出生年份为 1966 年，这一代人的结婚年龄较早，30 岁以后结婚的已经很少；初婚年龄为 23.66 岁。读过大学的人只有 8.1%，这一比例远远低于现阶段我国适龄人口入读大学的比例，但与 1966 年出生人口中就读大学的人口比例是吻合的，在 20 世纪 60 年代出生的人，不光读大学的人口比例小，受教育年限一般也较少，因此父亲受教育年限为 5.351 年，母亲平均受教育年限为 3.968 年，父亲受教育年限要高于母亲受教育年限，大约高出 34.74%，可以看出在新中国成立早期出生的人，性别对其人力资本的获得有重要影响，女性属于弱势群体。在总体样本中，女性占比为 50.8%，男性占比为 49.2%，男女被访者人数相当。父母是否为党员可以看作父母政治资源的代理变量，一般情况下党员具有更多的政治资本，同时我们还注意到，父亲是党员的概率为 15.7%，母亲是党员的概率只有 2.9%，男女政治资源差别较大。

表 5-2　分性别统计分析

变量名称	女性			男性		
	样本量	均值	方差	样本量	均值	方差
party	18,789.000	0.058	0.233	18,165.000	0.157	0.364
occ_choice	18,789.000	1.439	0.652	18,165.000	1.458	0.709
urban	18,780.000	0.293	0.455	18,162.000	0.310	0.463
moveup	18,789.000	0.250	0.433	18,165.000	0.239	0.427

变量名称	女性			男性		
	样本量	均值	方差	样本量	均值	方差
married	18,774.000	0.910	0.286	18,158.000	0.869	0.337
college	18,789.000	0.072	0.259	18,165.000	0.090	0.286
birthyear	18,788.000	1,966.672	13.739	18,164.000	1,965.696	13.875
fparty	18,789.000	0.154	0.361	18,165.000	0.159	0.366
mparty	18,789.000	0.028	0.166	18,165.000	0.030	0.172
fedu	18,009.000	5.358	4.514	17,603.000	5.345	4.495
medu	18,344.000	3.973	3.773	17,784.000	3.963	3.811
focc_choice	18,789.000	1.308	0.644	18,165.000	1.308	0.645
firstmarage	16,924.000	22.671	3.345	15,676.000	24.736	3.951

从表 5-2 可以看出，女性入党的概率为 5.8%，与母代相比，入党比例已经有了较大幅度的提升，但与同期男性入党比率的 15.7% 相比，差距仍然较大；不过子代入党的比例较父代基本没有变化，在同龄人中保持了匀速增长。女性的城市户籍比例为 29.3%，略低于均值；男性的城市户籍人口比例为 31.0%，城市中男性略多于女性，与全国总的人口性别比例变化趋势接近，男女人口失衡现象同样出现在了城市；从人口性别比例差异来看，女性结婚概率和初婚年龄虽然有一定的推迟现象，总体来看依然不会存在真正的"剩女"，"剩女"不是不结婚，只是推迟结婚。女性已婚的比例为 91.0%，男性已婚的比例为 86.9%，相差了 4.1%；女性结婚比例高于男性，一方面是因为女性较少，其占比肯定较高，另一方面是因为受到普婚思想和性别差异影响，女性结婚比男性早。女性大学的入学比例为

7.2%，低于男性的 9.0%，教育是人力资本获得的主要途径，如果说男女的性别比例反映的是中国的性别偏好，那么大学入学比例就是家庭对子女的投资偏好，这表明家庭愿意将更多的投资放在男孩身上。另外，所有的家庭背景变量包括父母是否为共产党员、父母的受教育年限、父亲的职业等都没有差异，这是简单随机抽样结果的一个表现，这里不再赘述。

表 5-3　城乡统计

变量名称	农村			城市		
	样本量	均值	方差	样本量	均值	方差
party	25,808.000	0.082	0.274	11,134.000	0.164	0.370
occ_choice	25,808.000	1.334	0.616	11,134.000	1.715	0.747
moveup	25,808.000	0.204	0.403	11,134.000	0.339	0.474
married	25,795.000	0.911	0.285	11,125.000	0.841	0.365
college	25,808.000	0.042	0.201	11,134.000	0.171	0.376
birthyear	25,806.000	1,966.044	13.672	11,134.000	1,966.534	14.134
fparty	25,808.000	0.122	0.327	11,134.000	0.238	0.426
mparty	25,808.000	0.015	0.122	11,134.000	0.062	0.241
fedu	24,864.000	4.502	4.188	10,736.000	7.319	4.595
medu	25,255.000	3.181	3.200	10,861.000	5.796	4.383
focc_choice	25,808.000	1.201	0.548	11,134.000	1.557	0.770
female	25,808.000	0.514	0.500	11,134.000	0.494	0.500
firstmarage	23,281.000	23.075	3.668	9,309.000	25.135	3.688

从表 5-3 可以看出，我国城乡差距较大。农村被访者中党员比例只有

8.2%，是城市人口党员比例 16.4% 的一半，这一方面是因为党政机关主要位于城市地区，党政机关工作人员多是党员；另一方面，我国存在明显的城乡二元结构，城市户籍者的受教育程度、人力资本等都强于农村户籍人口，共产党一般会吸收优秀的人加入，使得在所有入党人员中城市户籍的人更多；而且由于城乡资源差异较大，农村户籍中上学或经济条件较好者，也更愿意加入城市户籍，使得部分农村籍党员变成城市籍党员。在就业选择指数上，城市居民为 1.715，明显高于农村居民的 1.334，这是我国城乡差异造成的结果，也是城乡贫富分化严重的原因，由于城市享受更多的国家政策扶持和优惠，城市居民的人力资本投资明显高于农村，造成城市居民就业明显好于农村，为社会整体的不公平埋下了隐患。农村居民结婚的比例为 91.1%，比城市居民的 84.1% 高出 7%，这是因为农村是一个熟人社会，婚配者彼此了解比较清楚，在婚姻市场上信息不对称程度较低，有利于男女双方选择合适的结婚伴侣；在城市里，受到教育、工作等条件的限制，人们更换住所、单位的可能性较高，社会流动性较大，婚姻市场上的信息不对称程度较高，男女结婚受到的不确定性因素影响较多；在传统思想中，一般都有"男低配、女高配"的思想，即男性会找条件比自己差的女性作为伴侣，女性会找条件比自己好的男性作为伴侣，受"重男轻女"的传统思想影响，家庭往往更重视男孩，而随着计划生育政策的实施，只有一个小孩的家庭比例增加，家庭对孩子的投入变化不大，当家庭只有一个小孩时，其投资已经没有了选择的空间，女孩受教育程度明显上升，而条件越好的女性选择伴侣的空间越小，花费在选择上的时间也就越长，造成了城市人口结婚年龄普遍高于农村。农村籍被访者接受大学教育的人占 4.2%，城镇籍被访者接受大学教育的人占 17.1%，城乡教育差别显著，农村学生占比明显偏低；在父母代中，农村父母受教育年限分别为 4.502 年和 3.181 年，远远低于城市被访者父母的 7.319 年和 5.796 年，农村父亲受教育年限比农村妈妈多出 40.63%，城市父亲受教育年限比城市妈妈多出 28.07%，农村地区男女差异较大；在子女身上体现出的教育差距明显大于父母，在教育上存在代际不平等扩大的趋势。从父母的入党情况来看，男女差距的存在，在前面已经说过，不过城乡之间的男女差距比我们预想的要大，城市中男性党员的比例是女性党员的 3.84 倍，农村男性党员的比例是女性党员的 8.13 倍，城市男性入党的可能性是农村男性入党可能性的 1.90 倍，城市女性入党的可能性是农村女性入党可能性的 4.13 倍，这表明农村地区的男女差距要远远大于城市里男女的差距，在政治资源的获取上，农村女性不仅无法与男性相比，也无法与城市女性相比，这种状况非常令人担忧。在初婚年龄上，城市居民明显高于农村居民。

5.4 社会流动性对婚姻市场的影响之一：是否结婚？

5.4.1 初步回归结果

表 5-4　社会流动性对结婚概率影响的 OLS 回归模型

变量名称	模型（1）	模型（2）	模型（3）
moveup	0.0107**	0.0376***	0.0344***
	(0.0042)	(0.0072)	(0.0074)
edu	−0.0016	−0.0017	−0.0017
	(0.0012)	(0.0012)	(0.0012)
fedu	0.0005	0.0005	0.0005
	(0.0004)	(0.0004)	(0.0004)
medu	−0.0054***	−0.0053***	−0.0053***
	(0.0010)	(0.0010)	(0.0010)

变量名称	模型（1）	模型（2）	模型（3）
party	0.0236***	0.0241***	0.0241***
	(0.0043)	(0.0045)	(0.0045)
fparty	-0.0009	-0.0010	-0.0010
	(0.0048)	(0.0049)	(0.0049)
mparty	-0.0177	-0.0178	-0.0177
	(0.0124)	(0.0125)	(0.0124)
female	0.0482***		
	(0.0060)		
urban	-0.0214***		
	(0.0046)		
Constant	0.9187***	0.9195***	0.9202***
	(0.0128)	(0.0132)	(0.0130)
Observations	33,150	33,150	33,150
R-squared	0.5209	0.5209	0.5209
Provincial FE	YES	YES	YES

说明：Robust standard errors in parentheses；*** $p<0.01$，** $p<0.05$，* $p<0.1$。

表5-5　社会流动性对结婚概率影响的 Logit 回归模型

变量名称	模型（1）	模型（3）	模型（4）
moveup	0.1483**	0.7303***	0.7651***
	(0.0718)	(0.0892)	(0.0969)
edu	-0.0714**	-0.0723**	-0.0708**
	(0.0304)	(0.0304)	(0.0310)

变量名称	模型（1）	模型（3）	模型（4）
fedu	−0.0028	−0.0022	−0.0021
	(0.0103)	(0.0103)	(0.0103)
medu	−0.0641***	−0.0644***	−0.0644***
	(0.0090)	(0.0092)	(0.0091)
party	0.4044***	0.3918***	0.3898***
	(0.0869)	(0.0871)	(0.0857)
fparty	0.0383	0.0410	0.0380
	(0.0868)	(0.0889)	(0.0890)
mparty	−0.1362	−0.1271	−0.1278
	(0.1448)	(0.1465)	(0.1450)
female	0.9848***		
	(0.0654)		
urban	−0.3498***		
	(0.0751)		
Constant	3.4415***	3.3983***	3.3283***
	(0.3824)	(0.3888)	(0.3919)
Observations	33,149	33,149	33,149
Provincial FE	YES	YES	YES

说明：Robust standard errors in parentheses；*** p<0.01, ** p<0.05, * p<0.1。

表 5-6　社会流动性对结婚概率影响的 Probit 回归模型

变量名称	模型（1）	模型（2）	模型（3）
moveup	0.0889**	0.3774***	0.3833***
	(0.0363)	(0.0464)	(0.0517)
edu	−0.0211	−0.0216	−0.0207
	(0.0138)	(0.0138)	(0.0141)
fedu	0.0015	0.0016	0.0015
	(0.0050)	(0.0051)	(0.0051)
medu	−0.0348***	−0.0350***	−0.0349***
	(0.0046)	(0.0047)	(0.0046)
party	0.2148***	0.2073***	0.2067***
	(0.0444)	(0.0444)	(0.0438)
fparty	0.0243	0.0250	0.0237
	(0.0439)	(0.0446)	(0.0446)
mparty	−0.0906	−0.0858	−0.0860
	(0.0761)	(0.0770)	(0.0765)
female	0.5232***		
	(0.0296)		
urban	−0.1939***		
	(0.0352)		
Constant	1.6628***	1.6444***	1.6161***
	(0.1539)	(0.1570)	(0.1567)
Observations	33,149	33,149	33,149
Provincial FE	YES	YES	YES

说明：Robust standard errors in parentheses；*** p<0.01，** p<0.05，* p<0.1。

从表 5-4、表 5-5、表 5-6 的回归结果可以看出，社会流动性提高有利于增加人们结婚的概率。当社会流动性增强时，人们工作流动的机会增多，接触面增大，适婚年龄的男女有更多机会进行沟通和交流，因而他们也更容易在一起。在交乘项中，职业向上移动的男性结婚的概率明显下降，职业向下移动的女性结婚概率明显增加，这是因为在向上流动的男性中，其奋斗时间较长，用于婚姻时间的搜寻就会减少，工作时间挤占了用于婚姻准备或恋爱的时间，另外职业向上流动的男性一般受教育程度较高，接受硕士研究生教育的人毕业年龄一般在 25 岁左右，接受博士教育的人毕业年龄一般在 28 ~ 30 岁，这也会降低他们结婚的概率；与"白富美"女性相反，职业向下流动的女性受到各方面限制，在条件比他们好的男性里选择的空间更大，迫于生活压力，希望借助婚姻改善生活的意愿也更强烈，结婚主观性较强，结合我国男多女少的事实，她们结婚的概率就会增加。农村向上流动的人结婚的概率增加，城市向下流动的人结婚的概率减少；现代婚姻市场具有一定的信息不对称，男女都很难判断对方条件的真实性和好坏，除了房屋等固定资产外，职业是一个人自身条件的重要反映，所以向上职业的提升有利于婚姻的形成，向下职业的流动会降低结婚的概率。

除了社会流动性对结婚概率的影响以外，教育对人们结婚有抑制作用：由于现在受教育时间较长，接受高等教育的人一般会在学习上花费更多时间，这就减少了他们与异性伴侣在一起的时间，对他们的婚姻造成负面的影响；教育与收入水平成正比，在中国讲究门当户对，相同的受教育程度有利于夫妻的沟通和交流，在教育水平提高的同时，也降低了人们可以选择的空间，使得结婚的概率降低，对于女性而言更是如此。父亲的受教育程度在回归结果中，没有显示出显著的影响，母亲的受教育年限对子女的结婚有明显的负向作用，这可能是因为在家庭中母亲对子女的日常生活影响更大，随着母亲受教育水平的提高，她们对子女教育的重视程度会增加，进而对子女受教育程度有正向的促进作用，通过此路径反作用于子女的婚姻，降低了子女结婚的概率。

党员关系对个人结婚有重要影响。在我国党员关系属性是政治资源和个人能力的体现，拥有更好的政治资源可以给未婚男女加分，有利于找到合适的伴侣；在入党之前有比较严格的筛选过程和激烈的竞争，作为共产党员，一般意味着个人能力较强，这时在婚姻市场上找到婚姻伴侣的可能性会增加，可以把党员身份看作是信息不对称婚姻市场上的一种有益信号，加大了未婚男女找到异性的可能性。父母的党员身份在回归结果中不够显著，在这里父亲对子女的影响不够明确，不过母亲的党员身份却显著降低了子女结婚的可能性，这个结果与我们预想的不吻合，我们现有的研究也没能给出有力的证明，不过考虑到父母对子女的影响和前面的描述性统计分析，这可能与前面对母亲受教育年限的分析类似，一方面母亲是党员的比例很低，只有 5.8%，再考虑到党员对入党者的受教育程度限制，可以知道母亲的党员身份本身就意味着其受教育程度较高，因此对子女婚姻的影响路径与母亲受教育程度对子女婚姻影响的路径相似；另一方面，考虑到农村地区母亲的党员比例只有 1.5%，远远小于城市中母亲党员的比例，母亲党员身份一般还与户籍有关，这一影响我们在下一段中进行论述。

城市户籍居民结婚的概率明显降低。城市里，适龄学生的高中和大学入学率远远高于农村，由于接受教育挤占了恋爱婚姻的时间，对结婚起到一定的推迟作用；与农村地区相比，城市更容易受到西方思想的影响，逐渐出现了朋克、不婚等群体，再加上城市居民更多的是党政工作人员，受国家政策影响比较大，在国家推行晚婚晚育政策的影响下，其结婚年龄必定受到影响。

5.4.2 区分户籍和性别的回归结果

表5-7 分户籍和性别进行的 OLS 回归结果

变量名称	城市女性	城市男性	农村女性	农村男性
moveup	0.0141*	0.0144	−0.0003	0.0012
	(0.0072)	(0.0089)	(0.0081)	(0.0064)
edu	−0.0045**	0.0017	−0.0046***	0.0009
	(0.0018)	(0.0018)	(0.0014)	(0.0016)
fedu	−0.0000	0.0013	−0.0006	0.0008
	(0.0009)	(0.0011)	(0.0005)	(0.0007)
medu	−0.0038**	−0.0053***	−0.0026**	−0.0043***
	(0.0015)	(0.0014)	(0.0010)	(0.0014)
party	0.0003	0.0366***	−0.0075	0.0123**
	(0.0110)	(0.0090)	(0.0136)	(0.0056)
fparty	0.0126*	0.0025	−0.0014	−0.0003
	(0.0063)	(0.0127)	(0.0054)	(0.0099)
mparty	−0.0158	−0.0219	−0.0093	−0.0132
	(0.0151)	(0.0181)	(0.0128)	(0.0204)
Constant	1.0050***	0.9475***	0.9453***	0.9108***
	(0.0246)	(0.0210)	(0.0266)	(0.0213)
Observations	5,009	4,908	11,908	11,325
R-squared	0.5968	0.6084	0.5275	0.4741
Provincial FE	YES	YES	YES	YES

说明: Robust standard errors in parentheses; *** p<0.01, ** p<0.05, * p<0.1。

表5-8　分户籍和性别进行的 Logit 回归结果

变量名称	城市女性	城市男性	农村女性	农村男性
moveup	0.1956	0.2940**	−0.0525	0.0581
	(0.1254)	(0.1257)	(0.1360)	(0.1049)
edu	−0.1660***	0.0663*	−0.2373***	0.0225
	(0.0478)	(0.0345)	(0.0330)	(0.0337)
fedu	−0.0273	0.0099	−0.0319	0.0092
	(0.0259)	(0.0205)	(0.0223)	(0.0159)
medu	−0.0593**	−0.0824***	−0.0253	−0.0634***
	(0.0289)	(0.0222)	(0.0168)	(0.0154)
party	0.0864	0.7520***	0.2884	0.2944**
	(0.1814)	(0.1829)	(0.1979)	(0.1145)
fparty	0.3068**	0.0590	−0.0735	0.0031
	(0.1440)	(0.1795)	(0.1677)	(0.1815)
mparty	−0.1765	−0.1835	0.0934	−0.1419
	(0.2134)	(0.1997)	(0.3060)	(0.3031)
Constant	−0.8776	−5.9014***	−1.4814**	2.4193***
	(0.8545)	(0.6090)	(0.7118)	(0.3602)
Observations	4,236	4,432	10,524	11,226
Provincial FE	YES	YES	YES	YES

说明：Robust standard errors in parentheses；*** p<0.01，** p<0.05，* p<0.1。

表 5-9　分户籍和性别进行的 Probit 回归结果

变量名称	城市女性	城市男性	农村女性	农村男性
moveup	0.1027	0.1652**	−0.0044	0.0472
	(0.0659)	(0.0676)	(0.0725)	(0.0575)
edu	−0.0739***	0.0354**	−0.1002***	0.0208
	(0.0245)	(0.0157)	(0.0186)	(0.0141)
fedu	−0.0086	0.0083	−0.0113	0.0065
	(0.0129)	(0.0106)	(0.0109)	(0.0076)
medu	−0.0288**	−0.0438***	−0.0149*	−0.0324***
	(0.0144)	(0.0110)	(0.0088)	(0.0084)
party	0.0111	0.4264***	0.1335	0.1598***
	(0.0960)	(0.0914)	(0.1085)	(0.0608)
fparty	0.1597**	0.0443	−0.0004	0.0074
	(0.0735)	(0.0932)	(0.0815)	(0.0896)
mparty	−0.1027	−0.1229	0.0343	−0.0903
	(0.1084)	(0.1117)	(0.1471)	(0.1518)
Constant	−0.8717**	−3.0523***	−1.1270***	1.3043***
	(0.4316)	(0.2704)	(0.3469)	(0.1639)
Observations	4,236	4,432	10,524	11,226
Provincial FE	YES	YES	YES	YES

说明：Robust standard errors in parentheses；*** p<0.01，** p<0.05，* p<0.1。

表 5-7、表 5-8、表 5-9 已经分析了各个变量对结婚概率的影响，本节接下来将样本细分为城市女性、城市男性、农村女性和农村男性四个子

样本，分别使用 OLS、Logit 模型、Probit 模型回归，以期对各个群体获得更加细致的了解。

"剩女"是怎样形成的？对于城市女性，自身教育水平的提高、父母教育水平的提高和母亲的党员身份都对其结婚有不利的影响，使得城市里出现大量"剩女"。独生子女政策实施以来取得了良好的成果，尤其是在城市里，现在已有70%的独生子女家庭，有将近一半的独生子女家庭是女孩，由于只有一个小孩，家庭对子女的投资会集中于子女身上，在传统家庭中，家庭的各种资源集中于男孩身上，在没有多余选择的情况下，父母所拥有的经济资源、社会资源和政治资源也将投资于女孩，使得女孩向上的流动更快，社会地位明显提高。女性需要更多的学习时间增加自身人力资本，在其个人社会地位上升以后，与之匹配的群体明显减少，降低了他们结婚的可能性，最终导致了"剩女"现象的产生。"剩女"不光出现在城市，还同样出现在农村，自己的受教育程度、党员身份，父母的受教育程度、党员身份等，这些个人或家庭的优势资源反而降低了女性结婚的可能性。看似不合理，其实与传统的"男女有别"思想有关，受到城乡户籍差异限制，大多数农村女性结婚的对象是农村男性，她们的选择范围更小，在大量优质男性向城市转移的过程中，农村"优质"女性便减小了婚配范围，所以农村的"剩女"问题同样存在。只是农村地区女性在社会中的声音较小，很多情况下无法将她们的现状信息传递出来，至少无法像城市女性那样更多地被传递出来。因此可以说，"剩女"是城市和农村共有的现象，只是农村"剩女"在社会上的声音较弱，使得农村"剩女"问题不如城市"剩女"问题突出。

受教育程度和党员身份等个体优势有利于城市或农村男性的婚姻，而家庭的优势对城市男性的婚姻有利，对农村男性的影响不明显或有一定的负向影响。在婚姻关系中，个人能力和素养始终发挥着主要作用，个人受教育水平和党员情况，是反映男性优秀的信号，对女性有较强的吸引力。其实，家庭条件的优势是有利于男性婚姻的，城市家庭中男性的家庭背景对其婚姻的帮助就是例证，当男性父母拥有较好的受教育程度和党员身份时，父母的经济关系、政治关系和社会关系都有利于提升男性的人力资本，有利于扩大男性的选择范围，另外中国父母在子女婚姻中仍然发挥一定的作用，父母也可以直接通过自己的关系帮助子女找到潜在的合适对象，降低男性未来婚姻中的不确定性；对于农村男性而言，家庭因素并不是十分有利，主要是因为随着社会流动性的增强，农村家庭背景较好的男性往往更愿意去城市定居，也就是说家庭背景的优势更加显著地影响其户籍的改变；当农村男性通过家庭帮助进入城市以后，其离家较远且主要人际关系等位于农村或距离农村较近的地区，无法延伸到男性现在的住所，无法对其婚姻提供有益的帮助；而在城市的男性又由于刚刚进入城市，各种条件相较了同龄的城市男性较差，在婚姻市场中处于劣势，所以其家庭背景的优势反而成为其婚姻的劣势。

5.5 社会流动性对婚姻市场的影响之二：何时结婚？

随着经济的发展和消费模式的改变，人们面临越来越多的新事物，这对现代人的婚姻也造成较大的影响。一方面影响着人们结婚的可能性，另一方面还影响着人们结婚的时间，即初婚年龄。社会流动性对人们初婚年龄都有怎样的影响呢？除了社会流动性，还有哪些因素会对此产生影响呢？这正是本节将要研究的问题。

5.5.1 基本回归结果

表 5-10　社会流动性对初婚年龄的影响

变量名称	模型（1）	模型（2）
moveup	0.1300***	0.7490***
	(0.0392)	(0.0594)
edu	0.1367***	0.1359***
	(0.0091)	(0.0091)
fedu	0.0160***	0.0156***
	(0.0045)	(0.0045)
medu	0.0299***	0.0302***
	(0.0055)	(0.0055)
party	0.1326**	0.1322**
	(0.0631)	(0.0632)
fparty	-0.0411	-0.0444
	(0.0442)	(0.0445)
mparty	0.0348	0.0348
	(0.0857)	(0.0860)
female	-1.1946***	-1.1943***
	(0.0485)	(0.0485)
urban	0.6769***	
	(0.0395)	
Constant	22.6393***	22.6295***
	(0.0822)	(0.0817)

变量名称	模型（1）	模型（2）
Observations	28,994	28,994
R-squared	0.2642	0.2644
Provincial FE	YES	YES

说明：Robust standard errors in parentheses；*** p<0.01，** p<0.05，* p<0.1。

如表 5-10 所示，社会流动性提升了人们初婚的年龄，使得晚婚现象更加普遍。如果男性的社会地位向上流动，其初婚年龄会上升，女性的社会地位向下流动，其初婚年龄将下降，这主要是因为在社会流动性提升的过程中，更好的社会职业地位需要更多的时间和更多的付出，这些都将影响人们原本应该投资在婚姻或恋爱中的时间，因此向上的社会流动性推迟了初婚年龄，向下的流动性会降低初婚年龄；初婚年龄与性别密切相关，受身体结构和传统思维的影响，女性的初婚年龄普遍低于男性，这在我国《婚姻法》中也有所体现，不管是女性的法定结婚年龄还是晚婚的年龄，都普遍比男性低两岁。农村居民社会地位提升时，初婚年龄会降低，城市居民社会地位下降时，初婚年龄会上升，这是因为城市党政工作人员较多，对晚婚晚育政策的贯彻相对有力，为了响应国家号召，自身就会推迟婚姻年龄；相较于农村，城市最先受到欧美等发达国家的影响，不仅生活、饮食习惯等有一定的西化倾向，思想也会受到西方影响，现在欧美等发达国家，尤其是日韩等邻国结婚年龄普遍推迟，对国民思想也产生了影响，使得很多家庭接受了晚婚的事实；城市里买房、工作等压力较大，稳定性不强，人们结婚意愿降低；女性在城市中和男性的分工不是十分明确，工作差异日益模糊，女性改变了在家相夫教子的传统思维模式，积极走出家门适应劳动力市场上的工作，这些都影响了她们结婚的年龄，使得婚姻推迟现象明显。

个人的受教育水平、党员关系和父母的受教育水平等，都对个人初婚年龄产生显著影响。而当个人条件和家庭条件提升时，初婚年龄反而会上升。细分为个人条件优势和家庭条件优势以后就可以看出，教育、党员身份等个人优势条件往往需要更多的努力去获得，这些努力增加了对异性的吸引力也耗费了未婚者更多的工作时间，减少了与伴侣在一起的时间，使得初婚年龄可能有所提升；父母的受教育程度和母亲的党员关系等表明，家庭的优越条件不但没有帮助子女及早地结婚，反而提升了子女的初婚年龄；在现代社会中，社会流动性提高，代际之间收入、职业的传递更多地依靠对子女人力资本的提升，这样父母会更加注重子女的教育和未来发展，而过早地结婚在现代社会中并没有太大的益处，尤其是对女性而言，结婚以后将承担更多的家务，其发展受到一定的限制，所以家境优越的家庭会注重子女的婚姻，但并不专注于子女的早婚，因此家境越好的家庭越重视对子女的培养，这反而推迟了他们初婚的年龄。这与表 5-2 中城市户籍男女的初婚年龄普遍推迟相对应。

5.5.2 分类回归结果

在对基本回归结果进行分析以后，我们使用 OLS 方法分析社会流动性对不同户籍单身男女初婚年龄的影响，结果如表 5-11 所示。

表 5-11　社会流动性对不同户籍单身男女初婚年龄的影响

变量名称	城市女性	城市男性	农村女性	农村男性
moveup	−0.0437	0.0536	0.3392***	0.1063
	(0.0938)	(0.0866)	(0.0595)	(0.0778)
edu	0.2120***	0.1774***	0.1346***	0.0947***
	(0.0159)	(0.0206)	(0.0109)	(0.0164)
fedu	0.0198	0.0084	0.0278***	0.0006
	(0.0123)	(0.0146)	(0.0079)	(0.0087)
medu	0.0042	0.0471***	0.0186*	0.0420***
	(0.0150)	(0.0145)	(0.0109)	(0.0131)
party	0.0363	−0.2133**	0.2120	0.3323***
	(0.1299)	(0.1034)	(0.1521)	(0.1173)
fparty	0.1782**	−0.1159	−0.1228**	−0.0631
	(0.0853)	(0.1112)	(0.0527)	(0.0696)
mparty	−0.2651*	0.1410	0.0940	0.1255
	(0.1568)	(0.1530)	(0.2225)	(0.2017)
Constant	21.9662***	21.6836***	21.1176***	23.2241***
	(0.1662)	(0.2365)	(0.1540)	(0.1955)
Observations	4,274	3,904	10,878	9,938
R-squared	0.2242	0.2031	0.2011	0.1168
Provincial FE	YES	YES	YES	YES

说明：Robust standard errors in parentheses；*** p<0.01，** p<0.05，* p<0.1。

整体而言，社会流动性的上升推迟了社会未婚男女的初婚年龄，因此可以说人们并不是不结婚，只是不想过早地结婚，尤其是女性。对适婚男女影响最大的还是性别因素，女性的结婚年龄普遍低于男性，那为何"剩女"成了社会的担忧呢？首先，女性的结婚年龄确实推迟了，这不仅是对身边女性结婚年龄的感知，在表5-11中各个因素对初婚年龄的影响中也有所体现，现代社会中不管是个人因素还是家庭因素都使得人们的初婚年龄有所推迟，因此"剩女"现象不是空穴来风，而是确有成因；其次，女性初婚年龄的实际推迟效应不如人们的感知强烈，这主要是因为在我国传统思维中，有早婚和普婚的思想，直至今天在贫困地区尤其是与外部联系不够密切的西部山区，17～20岁仍然是女性的主要结婚年龄，我国农村和城市居民的初婚年龄已经为23岁和25岁，远远超出了适婚年龄子女父母一代的结婚年龄，其实与日韩普遍的30岁结婚年龄相比，我国的初婚年龄还有一定的推迟空间，再结合女性的性别原因，人们感知到的25岁"剩女"已经超过了他们的接受范围，使得"剩女"成为一个社会性话题，其实并没有想象的那么严重。

5.6 本章小结

经过以上分析可以看出：

1. 社会流动性提高不利于女性的婚姻，有利于男性的婚姻。独生子女政策实施以来，效果十分显著，更多的家庭只有一个小孩。女性在独生子女政策影响下，向上的社会流动速度明显高于男性，因此女性用于教育、工作等方面的时间显著增多，她们在男性中可以选择的范围明显缩小，结果其结婚的概率下降；而男性在社会流动性提高的影响下，可以增加更多的人际交往机会，提升他们结婚的可能性。

2. 社会流动性显著提升了人们初婚的年龄，但"剩女"现象不如想象的严重。虽然社会上出现了"剩女"问题，但这种现象并不像我们感知到的那么严重，女性的初婚年龄与男性相比仍然偏低，只是受到普婚和早婚思想的影响，现阶段女性的结婚年龄与父辈中女性结婚年龄相比提升较大，使得我们感知到的女性初婚年龄超过了父辈接受的范围。

3. 教育不仅推迟了人们初婚的年龄，还降低了社会整体的结婚概率。细分来看，可以知道教育水平的提高有助于男性找到合适的伴侣，却抑制了女性的婚姻情况，不管是农村还是城市，情况都是如此。这主要是因为随着受教育水平的提高，花费在上学上的时间大大延长，影响了女性寻找伴侣的最佳时机；另外，当女性受教育水平提高时，受到"男低配、女高配"思想的束缚，女性寻找伴侣的范围缩小，进一步降低了她们找到合适伴侣的可能性。

4. 优越的家庭背景没有显示出对子女婚姻的帮助。父母的受教育程度和党员关系，不仅没有帮助子女及早获得美满的婚姻，甚至还有可能降低子女结婚的可能性。家庭背景良好的父母一方面更加强调子女的教育，另一方面在子女婚姻的选择上也更加挑剔；子女教育本就延误了子女结婚的年龄，对子女未来伴侣的挑剔，更是使得子女在伴侣的选择上缩小了范围，推迟了他们结婚的年龄，同时使其在适龄期结婚的可能性降低。

根据以上结论，本章的政策建议如下：

1. 在二孩政策放开的同时，尽快着手废除晚婚晚育政策。随着社会流动性的提高，初婚年龄推迟的现象在世界范围内显现，日韩等国的初婚年龄已经超过 30 岁；从本书实证结果可以看到，我国初婚年龄有明显上升的趋势，晚婚晚育政策已经与我国经济发展需求不符；老龄化的出现加重了劳动力供给不足，如果初婚年龄持续提升、结婚概率持续下降，必将对劳动力供给市场产生进一步的不利影响，因此废除已有的晚婚晚育政策势在必行。

2. 规范婚姻市场，为适婚年龄段的单身男女提供更好的平台。中国古代是熟人社会，婚姻市场范围较小，通过媒人的沟通连接，就可以促成婚姻；现代社会中不确定性增加，人们的职业、住所更换频繁，婚姻市场的信息不对称现象普遍存在，处于结婚年龄的青年男女无法通过合适的平台沟通交流，他们也失去了以前婚姻赖以生存的熟人市场，使得婚姻缔结更加艰难。因此，国家可以通过协会、公共组织等非营利性机构，为适龄男女提供新的平台，为促进青年男女的交流创造更多合适的机会。

3. 提升个人能力，增强自己在婚姻市场上对异性的吸引力。除了社会流动性的提升对整个婚姻市场的有利影响以外，以党员身份为代表的个体条件也发挥着有益的作用，"打铁还需自身硬"，不管外在条件怎样，只要自身经济能力、社会地位、职业等较好，一般有助于其在婚姻市场中吸引更多的异性目光，扩大自身选择的范围，也就有利于自己婚姻的缔结。教育是提升人力资本最有效的手段，因此可以通过增加社会培训或基础教育等方式，间接促进婚姻市场的发展。

4. 促进新的思维模式发展，减少家庭对子女婚姻不必要的干预。家庭尤其是父母固然关心子女的婚姻，也可以给予子女很多好的建议。不过过多干预，尤其是按照父母对婚姻的思维要求子女，往往不利于他们婚姻的形成。因此，家庭应该以新的认知正确给予子女婚姻的建议，帮助他们做出婚姻的选择，避免横加干预子女的婚姻。

第六章　研究结论与政策建议

6.1 研究结论

1. 新时期教育改革可以进一步向农村地区倾斜，帮助农村学员获得更多教育机会。在新时期教育改革发展中，教育机构将更加重视素质教育和个人能力的综合发展，在入学考试等方面不再单独唯成绩论，也将关注个人的德智体美等全方位的素养。这些措施，无论是出发点还是落脚点都是好的，只是在新时期教育改革中，城乡差异较大，农村学员由于经济条件、教育环境等差异，常常处于劣势地位，在高考中越来越难进入优质大学。教育不公平不只是体现在硬性规定上的不公平，还体现在软实力上的不公平。现阶段在高考中，不仅有传统的考试科目，还有很多综合考试科目和体育、音乐、艺术等加分的科目，在现行我国城乡差距巨大的条件下，农村学员很难具有相应的条件进行体育、音乐、艺术等方面的学习，更是无法发挥特长，因此在这种考试制度下，处于劣势地位。

2. 我国各阶段教育事业取得了突飞猛进的发展，需要保持。我国历届政府都十分重视国民教育，将发展教育放在了基本国策的高度，经过20年的发展，财政性教育经费在国民生产总值中的占比已经从1996年的2.46%增长到了2015年的4.26%，教育经费的大力投入促使我国的教育事业取得了良好的发展，本专科高校已经增加到2560所，极大地满足了城乡学员接受高等教育的需求，本专科招生规模已经达到737.85万人，占当年高考学生总数的近80%。高考教育的发展既为经济建设提供了高素质的人才，也为个人发展奠定了基础，是科技强国的保障，是提高国民综合素质的有效手段。通过文中分析发现，教育事业的发展是社会流动性提高的主要动力。不管是对城乡居民，还是对男性和女性，在各个阶段教育都是个体社会流动性上升的主要动力。

3. 我国社会流动性正在经历快速增长。新中国成立以后，我国先后经历了"文化大革命"、改革开放等重大历史阶段，对国民经济发展产生了重大影响，在此基础上，我国的社会流动性也经历着重大变化，总体趋向于流动性加快。在新中国成立前及早期出生的人，其工作环境深深打下了"文化大革命"的烙印，这一时期我国处于农业社会，大部分农村劳动者在城乡二元结构的束缚下，只能务农，其子女亦是如此；城市居民多是工人，子女亦然。正是这种分割的城乡二元结构和固定的工作模式，影响了社会流动性的提升，社会比较固化。改革开放以后，生产力水平有了大幅度的提升，也创造了更多工作岗位，既解决了城市经济的发展问题，也为大量农村劳动力提供了工作岗位，加强了城乡之间的交流，社会流动性大幅度提升。进入21世纪以后，我国的改革不断深入、开放的窗口更加敞开，市场经济要素不断发展，并借助科技发展的动力，在工作岗位数量和质量上都有了大幅提升，为社会流动性上升提供了良好的制度环境保障，使得我国在新时期，社会流动性保持在较高水平。总体而言，我国的社会流动性上升趋势十分明显。

4. 城乡差距较大，农村居民社会地位较低，社会流动性较大，城市居民社会地位较高，社会流动性较小。我国自1958年开始明确实施城乡户籍差别以来，中国社会的城乡二元结构经历了多年的发展，隔离已经形成，不仅对我国的经济发展等产生影响，还对社会流动性水平的提升产生作用。在城乡二元结构影响下，工业和农业剪刀差就一直存在，农村居民经济收入备受剥削，其工作性质一直处于第一层次，社会地位较低。改革开放和市场经济转型为农民摆脱土地束缚、进入城市提供了一种有效途径，在沿海和城市工作岗位大量兴起的条件下，农村劳动力涌入城市，社会流动增加；城市居民在层次划分上并没有获得优势，很多还是保持原先的层级没有变，所以社会流动性略小。

5. 性别差异凸显，女性社会地位较低，社会流动更快，男性社会地位较高，社会流动较慢。受传统儒家思想的影响，中国和古代西方国家相似，在家庭分工中，男性一般负责社会工作，主要职责是挣钱养家，女性负责家庭的衣食住行，大多数女性没有参加到社会工作中去。而在女权运动不断兴起、女性家庭资源配比不断增加、女性受教育程度逐步上升的过程中，女性也更多地参与到工作当中，在经济能力、社会地位等方面都取得了很大的发展，因此社会流动性上升明显。对于男性而言，总体社会流动性也是向上的，只是在女性开始工作的情况下，很多工作岗位和女性分享，而从第四章可以看出，女性在成绩、能力等方面，表现比较强势，所以很多优质的工作岗位被女性分走，社会流动性与以往相比显得比较慢一点。女性社会流动性的快速提高，是我国社会进步的一种表现。

6. 社会流动提高不利于女性的婚姻，有利于男性的婚姻。我国婚姻市场受到传统婚姻观念的影响，存在"男低配、女高配"的倾向，即男性一般会娶家庭背景、经济实力等差于自己的人，而女性则更倾向于与各方面综合实力优于自己的男性结婚。这一思想在封建时期有利于社会的稳固和男女双方幸福感的提升。不过在现代社会中，一方面女权运动不断兴起，女性的社会地位提升显著，另一方面在我国实行计划生育政策以后，女性的家庭资源配比显著增加，为其社会地位和经济能力的提升打下了良好的基础。在这两种因素的共同作用下，女性在工作中社会流动性上升明显，社会地位已经与男性不分伯仲。如果继续按照"男低配、女高配"的婚配模式进行匹配，社会地位较高的女性，可选择范围大大缩小，将成为"剩女"。与女性相反，男性社会流动性的上升提高了其社会地位，扩大了择偶范围，因此婚配成功的概率大大增加。在社会变迁的过程中，部分农村贫困男性，出于各种原因既无法加入城市的劳动力大军，又无法在农村依靠固有的土地资源增加收入，经济能力、社会地位明显处于底层，这时他们在婚配问题中将面临较大的挑战，再加上我国性别比例失衡，本就男多女少，因此很多农村贫困男性将面临无法在婚配市场找到合适伴侣的风险，也是农村"剩男"产生的主要原因。综上所述，在我国出现了城市白领的"剩女"和农村贫困的"剩男"。

此外，在家庭背景对婚姻影响的分析中我们发现，优越的家庭背景没有显示出对子女婚姻的帮助。父母的受教育程度和党员关系，不仅没有帮助子女及早获得美满的婚姻，甚至还有可能降低子女结婚的可能性。家庭背景良好的父母一方面更加强调子女的教育，另一方面在子女婚姻的选择上也更加挑剔；子女教育本就延误了子女结婚的年龄，对子女未来伴侣的挑剔，更是使得子女在伴侣的选择上范围缩小，推迟了他们结婚的年龄，同时使其在适龄期结婚的可能性降低。

7. 社会流动性显著提升了人们初婚的年龄，但"剩女"现象不如想象的严重。社会流动性的提升是经济发展和教育水平提高的结果，随着我国教育事业的发展和义务教育等各阶段教育的普及，人们的受教育水平普遍提高。在上学期间，如果想结婚，一方面经济负担较重，另一方面面临供养家庭等方面的负担，需要休学或退学，形成较大的沉没成本。因此更多的人选择在接受完高等教育以后才结婚。接受教育，将大大延迟人们结婚的年龄，形成人们晚婚的假象。在年龄推迟过程中，由于传统中女性的初婚年龄较早，大多在 20 ～ 22 岁之间，现在接受完大学本科教育就要到 22 岁，所以推迟年龄对女性尤为突出。可是实际上，如前文所述"被剩下"的女性大多有良好的经济基础和教育背景，她们的"被剩下"具有更多的主动成分，因此是一种自我选择和假象，问题不会十分严重。

6.2 政策建议

1. 为了保障社会地位的相对公平，要首先保障教育机会的公平。从全国范围来看，城乡教育差距十分明显，在学校设施、师资力量、财政资金支持等方面，农村地区教育水平相对较为落后，难以保障城乡之间的教育公平；从性别来看，城市地区基本实现了男女的教育机会平等，农村地区尤其是贫困的偏远地区，受限于经济发展水平和传统家庭观念的影响，更愿意让家中的男孩接受教育，女孩很难获得接受教育的基本权利。因此，城乡、性别之间的教育不公平，是社会不公平的重要诱因，国家应该出台相应的政策法规，加大对农村的教育投入，维护城乡之间的教育公平；出台激励措施，维护女孩接受教育的基本权利。

2. 打开政策束缚，为社会流动性松绑。国民经济和教育事业的快速发展为我国社会流动性提高提供了良好的外部条件，是新时期中国社会进步的典型表现。因此，要通过多种举措破除社会流动性的阻碍因素，为社会流动性的进一步提升铺平道路：首先，要破除城乡差异，打开户籍隔离，让城乡居民流动起来，尤其是打开农村通往城市的道路，为农民进城消除制度障碍；其次，要消除性别差异给女性择业带来的不利影响，出台对女性工作进行保障的文件，促进就业机会等的平等；最后，继续加大教育投入，提升国民教育水平，为社会主义现代化建设提供充足的人才保障。

3. 为农民落户城市提供更多方便，缩小城乡差异。2015 年我国出台的《国务院关于进一步推进户籍制度改革的意见》中指出，我国将取消农业户口和非农业户口差异，统一登记为居民户口。这将有利于消除城乡差异给农民进城带来的不利影响，只是政策出台和落实之间有较长的时间差，而我国在经济发展过程中社会流动性上升较快，对劳动力需求较大，尽快解决农村居民在城市的落户、子女教育等问题，有利于社会的稳定和公平，为社会流动性提升提供良好的环境。

4. 促进男女平等，维护女性地位。受到传统"男尊女卑"思想的影响，女性社会地位一般低于男性，尤其是在封建社会中女性没有参加到工作中去，无法进入上层社会更是女性社会地位较低的重要原因。虽然近年来女性的社会流动性明显快于男性，但在很多方面仍然有待于进一步的改进。

5. 尽快着手废除晚婚晚育政策。我国初婚年龄有明显的上升趋势，晚婚晚育政策已经与我国经济发展需求不符；老龄化的出现加重了劳动力供给不足，如果初婚年龄持续提升、结婚概率持续下降，必将对劳动力供给市场产生进一步的不利影响，因此可以废除已有的晚婚晚育政策。

6. 规范婚姻市场，为适婚年龄段的单身男女提供更好的平台。中国古代是熟人社会，婚姻市场范围较小，通过媒人的沟通连接，就可以促成婚姻；现代社会中不确定性增加，人们的职业、住所更换频繁，婚姻市场的信息不对称现象普遍存在，处于结婚年龄的青年男女无法通过合适的平台沟通交流，他们也失去了以前婚姻赖以生存的熟人市场，使得婚姻缔结更加艰难。因此，国家可以通过协会、公共组织等非营利性机构，为适龄男女提供新的平台，为促进青年男女的交流创造更多合适的机会。

7. 提升个人能力，增强自己在婚姻市场上对异性的吸引力。除了社会流动性的提升对整个婚姻市场的有利影响以外，以党员身份为代表的个体条件也发挥着重要的作用，"打铁还需自身硬"，不管外在条件怎样，只要自身经济实力、社会地位、职业等较好，一般有助于其在婚姻市场中吸引更多的异性目光，扩大自身选择的范围，也就有利于自己婚姻的缔结。教育是提升人力资本最有效的手段，因此可以通过增加社会培训或基础教育等方式，间接促进婚姻市场的发展。

6.3 研究不足

1. 职务层级划分较少，差距不够明显。在 Chen Zhu 等（2016）的研究中划分了四种职业层次，周兴等（2014）的研究中划分了七种职业层次，他们的职业划分比较细化，界限比较明确，在本研究初期，考虑到职业划分过于细化在职业选择中容易出现跨层次的职业，所以没有采用这一方法，只划分了三个职业层次。不过在未来的研究中本书将借鉴已有研究经验，通过不同层次的划分标准，对比其影响，进行进一步的研究。

2. 被访者部分在新中国成立早期出生，对其数据处理难以区分时代变化差异。在探究社会流动性变化原因的回归中，我们看到不同年龄段出生的人，各个影响系数差距不大，基本保持相同水平，这可能是因为本书的数据调研时间比较集中，主要在 2010—2013 年，而我们所用的被访者职业是第一份职业、被访者父母的职业是被访时的职业，两者职业有一定的时间差异，影响了社会流动性的波动。另外，本书没有剔除"文化大革命"对教育产生的影响，主要是因为本书使用的时间段划分是被访者的出生时期，在"文化大革命"开始时，即使是年龄最大的被访者也还未到读大学的年龄，不过这确实可能会对研究结果造成一定的影响，在未来的分析中，本人将进行深入的分析。

3. 本书为了研究不同时期的社会流动性，将时间点划分为 1949—1958 年、1959—1979 年和 1980—1990 年三个时期，时间划分依据有被质疑，本人将在接下来找出更加细分的时间划分点，以期更好地反映时代变化对社会流动性的影响。

6.4 研究展望

1. 在未来的研究中，将增加职业划分层次，并对比职业社会流动性代际差异和收入社会流动性研究结果的区别。在已有关于社会流动性的研究中，主要通过父代和子代之间的收入流动、职业流动和姓氏等方法，计算社会流动性，不过都是分开进行的，对比较少。我们接下来将进行职业流动性和收入流动性的对比，找出二者共同的原因，进行验证。

2. 研究社会流动性与贫富差距的关系。社会流动性的影响范围较广，在第五章中主要考察了对"剩男剩女"问题的影响，但"剩男"的根源其实是贫穷，而且不管是职业变化还是收入差距，社会流动性的变化与收入差距和贫富分化密切相关，只是这种机制还没有得到有效研究。

3. 教育对社会流动性影响的内在机制。在本书中，我们虽然探究了教育对社会流动性的影响，并得出了教育是社会流动性动力的结论，但内在的机制还没有进行详细解答。而且从第四章可以知道，教育在代际之间同样具有强烈的传承性，这种传承对社会流动性的影响究竟是怎样的呢？这些都是本人未来将要探究的问题。

参 考 文 献

[1] Altham P M. The Measurement of Association of Rows and Columns for An Contingency Table[J]. Journal of the Royal Statistical Society, 1970, 32(1): 63-73.

[2] Akerlof G, Kranton R. Economics and Identity[J]. The Quarterly Journal of Economics, 2000, 115(3): 715-753.

[3] Akerlof G, Kranton R. Identity Economics: How Our Identities Shape Our Work, Wages, and Well-being Princeton[M]. Princeton University Press, 2010.

[4] Angrist, Lavy. Using Maimonides Rule to Estimate the Effect of Class Size on Scholastic Achievement[J]. Quarterly Journal of Economy, 1999, 114(2): 533-575.

[5] Anne Case, Lubotsky Darren, Paxson Christina. Economic Status and Health in Childhood: The Origins of the Gradient[J]. American Economic Review, 2002, 92(5): 1308-1334.

[6] Antonovics K, Town R. Are All the Good Men Married? Uncovering the Sources of the Marital Wage Premium[J]. The American Economic Riview, 2004, 94(2):317-321.

[7] Ashwin S, Isupova O. 'Behind Every Great Man...': The Male Marriage Wage Premium Examined Qualitatively[J]. Journal of Marriage and Family, 2014, 76(1):37-55.

[8] Becker G S, Chiswick B R. Education and the Distribution of Earning[J]. American Economic Riview, 1966, 56: 358-369.

[9] Becker G S. A Theory of Marriage: Part 1[J]. Journal of Political Economy, 1973, 81(4): 813-846.

[10] Becker G S. A Theory of Marriage: Part 2[J]. Journal of Political Economy, 1974,

82(2): S11-S26.

［11］Becker G S. Human Capital[M]. University of Chicago Press, 1975.

［12］Becker G S. Growing Human Capital Investment in China Compared to Falling Investment in the United States[J]. Journal of Policy Modeling, 2012(34): 517-524.

［13］Beine M, Docquier F, Rapoport H. Brain Drain and Economic Growth: Theory and Evidence[J]. Journal of Development Economics, 2001, 64(1): 75-289.

［14］Benjiamin Dwayne, Loren Brandt, John Giles. The Dynamics of Inequality and Growth in Rural China: Does Higher Inequality Impede Growth?[J]. Working paper, University of Toronto, 2004.

［15］Bennett Neil G, David E Bloom, Patricia H Craig. The Divergence of Black and White Marriage Patterns[J]. American Journal of Sociology, 1989, 95: 692-722.

［16］Betsey Stevenson, Justin Wolfers. Marriage and Divorce: Changes and their Driving Forces[J]. 2007, Discuss Paper, No. 2602.

［17］Bian Yanji. Work and Inequality in Urban China[M]. 1994, New York:SUNY Press.

［18］Black S E. Do Better Schools Matter? Parental Valuation of Elementary Education[J]. Quarterly Journal of Economics, 1999, 114(2): 577-599.

［19］Black S, Devereux P, Salvanes K. Why the Apple Doesn't Fall Far: Understanding Intergenerational Transmission of Human Capital[J]. American Economic Review, 2005, 95(1): 437-449.

［20］Blau P M, Duncan O D. The American Occupational Structure[M]. 1967, New York: Wiley Press.

［21］Bowles Samuel, Herbert Gintis, Melissa Osborne. The Determinants of Earnings: A Behavioral Approach[J]. Journal of Economic Literature, 2001(4): 1137-1176.

［22］Bowles, Samuel, Herbert Gintis. The Inheritance of Inequality[J]. Journal of Economic Perspectives, 2002, 16(3): 3-30.

［23］Bjorklund A, Roine J, Waaldenstrom D. Intergenerational Top Income Mobility in Sweden: Capitalist Dynasties in the Land of Equal Opportunity?[J]. Journal of Pubic Economics, 2012(96): 474-484.

［24］ Breusch T, Gray E. Does Marriage Improve the Wages of Men and Women in Australia[J]. Australian Population Association 12th Biennial Conference, Canberra, 2004,18(21): 15-17.

［25］ Buchmann M C, Kriesi I. Transition to adulthood in Europe[J]. Annual Review of Sociology, 2011(37): 481-503.

［26］ Campbell, Stanley. Experimental and Quasi-experimental Designs for Research on Teaching[J]. Handbook of Research on Teaching, Chicago: Rand McNally, 1963.

［27］ Chen M. Intergenerational Mobility in Contemporary China[J]. Chinese Sociological Review, 2013, 45(4): 29-53.

［28］ Chen Zhu, Xiaoou Liu. Gender Matters: Recent Trends in Intergenerational Occupational Mobility in China[R]. Working paper, 2016.

［29］ Chen Y, Li H. Mother's Education and Child Health: Is There a Nurturing Effect?[J]. Journal of Health Economics, 2009, 28(2): 413-426.

［30］ Chiang H. How Accountability Pressure on Failing Schools Affects Student Achievement[J]. Journal of Public Economics, 2009,93(9): 1045-1057.

［31］ Chun H, Lee I. Why Do Married Men Earn More: Productivity or Marriage Selection?[J]. Economic Inquiry, 2001, 39(2): 307-319.

［32］ Clark D. The Performance and Competitive Effects of School Autonomy[J]. Journal of Political Economy, 2009,117(4): 745-783.

［33］ Cornwell C, Rupert P. Unobservable Individual Effects, Marriage and the Earnings of Young Men[J]. Economic Inquiry, 1997, 35(2): 285-294.

［34］ Coughlin T, Drewianka S. Can Rising Inequality Explain Aggregate Trends in Marriage? Evidence From U.S. States, 1977-2005[J]. The B.E. Journal of Economic Analysis and Policy, 2011,11(1):1-31.

［35］ Deng Q, Gustafasson B A, Li S. Intergenerational Income Persistency in Urban China[J]. Review of Income and Wealth, 2013, 59(3): 416-436.

［36］ Erikson R, Goldthorpe J H. Commonality and Variation in Social Fluidity in Industrial Nations: A Model for Evaluating FJH Hypothesis[J]. Europe Sociological Review,

1987, 3(1): 54-77.

[37] Eugene Choo, Aloysius Siow. Who Marries Whom and Why[J]. Journal of Political Economy, 2006, 114(1): 175-201.

[38] Fitch Catherin, Ron Goeken, Steven Ruggles. The Rise of Cohabitation in the United States: New Historical Estimates[J]. mimeo, University of Minnesota, 2005, 21(18): 1-26.

[39] Gary S, Becker. Human Capital: A Theoretical Analysis with Special Reference to Education, National Bureau for Economic Research [M]. Columbia University Press, New York and London, 1964.

[40] Galor O, Zeira J. Income Distribution and Macroeconomics[J]. Review of Economic Studies, 1993(60): 35-522.

[41] Ginther D K, Zavodny M. Is the Male Marriage Premium Due to Selection? The Effect of Shotgun Weddings on the Return to Marriage[J]. Journal of Population Economics, 2011, 14(2): 313-328.

[42] Goldscheider, Frances Kobrin, Linda J Waite. Sex Differences in the Entry into Marriage[J]. American Journal of Sociology , 1986（92）: 91-109.

[43] Gong H, Leigh A, Meng X. Intergenerational Income Mobility in Urban China[J]. Review of Income and Wealth, 2012, 58(3): 481-503.

[44] Gray J S. The Fall in Men's Return to Marriage: Declining Productivity Effects or Changing Selection?[J]. Journal of Human Resources, 1997, 32(3): 481-504.

[45] Gunter J Hitsch, Ali Hortacsu, Aan Ariely. Matching and Sorting in Online Datin[J]. American Economic Review, 2010(100): 130-163.

[46] Hauser R M. Vertical Class Mobility in Great Britain, France and Sweden[J]. Acta Sociologica, 1984, 27(2): 87-110.

[47] Heckman, James, Sergio Urzua, Edward Vytlacil. Understanding Instrument Variables in Models with Essential Heterogeneity[J]. Review of Economics and Statistics, 2006, 88(3): 389-432.

[48] Hersch J, L S. Stratton Household Specialization and the Male Marriage Wage

Premium[J]. Industrial and Labor Relations Review, 2000,54,78.

[49] Hirvonen L. Intergenerational earnings Mobility Among Daughters and Sons: Evidence from Sweden and a Comparison with the United States[J]. American Journal of Economics and Sociology, 2008, 67: 777-826.

[50] Hongyi Li, Lyn Squire, Hengfu Zhou. Explaining International and Intertemporal Variations in Income Inequality[J]. Economic Journal, 1998, 108: 26-43.

[51] Hoxby, C M. The Effect of Class Size on Student Achievement: New Evidence from Population Variation[J]. Quarterly Journal of Economics, 2000,115(4): 1239-1258.

[52] Hogan D P, Astoe N M. The transition to adulthood[J]. Annual Review of Sociology, 1986, 12: 109-130.

[53] Hout M. How Inequality May Affect Intergenerational Mobility[J]. New York: Russell Sage Foundation, 2004.

[54] Isacsson G. Twin Data vs. Longitudinal Data to Control for Unobserved Variables in Earnings Functions-Which Are the Differences?[J]. Oxford Bulletin of Economics and Statistics, 2007, 69(3): 339-362.

[55] Juarez F, Gayet C. Transition to adulthood in developing countries[J]. Annual Review of Sociology, 2014(40): 521-538.

[56] Kalmijn, Matthijs. Intermarriage and Homogamy: Causes, Patterns, Trends[J]. Annual Review of Sociology, 1998(24): 395-421.

[57] Khan, Aziz, Carl Riskin. House Income and Its Distribution in China[J]. China Quarterly, 2005(6).

[58] Khor N, Pencavel J. Evolution of Income Mobility in the People's Republic of China: 1991-2002[J]. Asian Development Bank Economics Working Paper, 2010.

[59] Krashinsky H A. Do Marital Status and Computer Usage Really Change the Wage Structure?[J]. Journal of Human Resources, 2004, 39(3):774-791.

[60] Lee D S. Randomized experiments from non-random selection in US House Elections[J]. Journal of Econometrics, 2008,142(2): 675-697.

[61] Licher, Daniel T, Diane K, et al. Race and the Retreat from Marriage: A Shortage of

Marrigaeable Men?[J]. American Sociological Review, 1992(57): 781-799.

[62] Lin Nan, Yanjie Bian. Getting Ahead in Urban China[J]. American Journal of Sociology , 1991, 97.

[63] Liu Jintian, James K Hammitt, Chyongchiou Jeng Lin. Family Beckground and Returns to Schooling in Taiwan[J]. Economics of Education Review, 2000(13): 113-125.

[64] Long J, Ferrie J. Intergenetational Occupational Mobility in Great Britain and the United States since 1850[J]. American Economic Review, 2013, 103(4): 1109-1137.

[65] Maoz, Yishay D, Omer Moav. Intergenerational Mobility and the Process of Development[J]. Economic Journal, 1999, 109(458): 150-175.

[66] Mariapia, Mendola. Migration and Technological Change in Rural Households: Complements or Substiutes?[J]. Journal of Development Economics, 2008(85): 150-175.

[67] Marianne Bertrand, Emir Kamenica, Jessica Pan. Gender Identity and Relative Income Within Households[J]. The Quarterly Journal of Economics, 2015, 29(1):571-614.

[68] Miles Corak, Patrizio Piraino. The Intergenerational Transmission of Employers[J]. Journal of Labor Economics, 2011,29(1): 37-68.

[69] Mu Z, Xie Y. Marital Age Homogamy in China: A Reversal of Trend in the Reform Era?[J]. PSC Research Report, 2011, 18(27): 711-742.

[70] Nakosteen R A, Zimmer M A. Men, Money and Marriage: Are High Earners More Prone than Low Earners to Marry[J]., Social Science Quarterly, 1997, 78(1): 66-82.

[71] Nicoletti, Cheti, John Ermisch. Intergenerational earnings Mobility: Change Across Cohorts in Britain[J]. The B.E. Journal of Economic Analysis and Policy, Article 9, 2007.

[72] Parsons T. The Social Structure of the Family[J]. In Ruth Anshen, The Family: Its Function and Destiny. New York: Harper, 1949.

[73] Peters H, Elizabeth. Patterns of Intergenerational Mobility in Income and Earnings[J]. Review of Economics and Statistics, 1992, 74(3): 456-466.

［74］ Petersen T, Penner A M, Hogsnes G. The Male Marital Wage Premium: Sorting vs. Differential Pay[J]. Industrial and Labor Relations Review, 2011, 17(26): 283-304.

［75］ Plug E. Estimating the Effect of Mother's Schooling on Children's Schooling Using a Sample of Adoptees[J]. American Economic Review, 2004, 94(1): 358-368.

［76］ Pollmann Schult M. Marriage and Earnings: Why Do Married Men Earn More than Single Men?[J]. European Sociological Review, 2010, 26(2): 147-163.

［77］ Preston, Samuel H, Alan Thomas Richard. The Influence of Women's Work Opportunities on Marriage Rates[J]. Demograthy, 1975(12): 209-222.

［78］ Qian Zhenchao, Samuel H Preston. Changes in American Marriage, 1972 to 1987: Availability and Forces of Attraction by Age and Educatin[J]. American Sociological Review, 1993(58): 482-495.

［79］ Ravallion, Martin, Shao Chen. 2004, China's Progress Against Proverty[J]. World Bank, 2016.

［80］ Rubin D B. Assignment to Treatment Group on the Basis of a Covariate[J]. Journal of Educational Statistics, 1977, 2(1): 1-26.

［81］ Sacks Ylvisaker. Linear Estimates for Approximately Linear Models[J]. Annals of Statistics, 1978, 6(3): 1122-1138.

［82］ Sicular Terry, Ximing Yue, Bjorn Gustafsson, et al. The Urban-Rural Income Gap and Inequality in China[J]. Review of Income and Wealth, 2007, 53(1): 93-124.

［83］ Shea J. Does Parents Money Matter?[J]. Journal of Public Economics, 2000, 77(2): 155-184.

［84］ Solon G R. Intergenerational Income Mobility in the United States[J]. American Economic Review, 1992, 82(3): 392-408.

［85］ Solon G R. Intergenerational Mobility in the Labor Market[J]. in: Ashenfelter, O. and Card, D., Handbook of Labor Economics, Elseviser Science, 1999, 3: 1761-1800.

［86］ Solon, Gary. A Model of Intergenerational Mobility Variation over Time and Place[J]. in: Miles Corak, ed., Generational Income Mobility in North America and Europe, 2004, 38-47.

［87］ South, Scott J, Kim M Lloyd. Marriage Opportunities and Family Formation: Further Implications of Imbalanced Sex Rations[J]. Journal of Marriage and the Family, 2001(54): 440-451.

［88］ Sweeney M M. Two Decades of Family Change: The Shifting Economic Foundations of Marriage[J]. American Sociological Review, 1992, 67(1): 132-147.

［89］ Todd Hahn, Vander Klaauw. Identification and Estimation of Treatment Effects with a Regression Discontinuity Design[J]. Econometrica, 2001, 69(1): 201-209.

［90］ Walder, Andrew G. Property Rights and Stratification in Socialist Redistributive Economies[J]. American Sociological Review 1992(57):183-216.

［91］ Zimmerman D J. Regression Toward Mediocrity in Economic Stature[J]. American Economic Review, 1992, 82(3):409-429.

［92］ 白雪梅. 教育与收入不平等：中国的经验研究[J]. 管理世界，2004（6）：53-58.

［93］ 边燕杰，芦强. 阶层再生产与代际资源传递[J]. 决策探索，2014（2）：20-23.

［94］ 陈琳. 中国城镇代际收入弹性研究：测量误差的纠正和收入影响的识别[J]. 经济学（季刊），2015，15（1）：33-52.

［95］ 陈琳，袁志刚. 授人以鱼不如授人以渔？——财富资本、社会资本、人力资本与中国代际收入流动[J]. 复旦学报（社会科学版），2012（4）：129-130.

［96］ 蔡洪滨. 维持高社会流动性[Z]. 新世纪周刊，2011-4-4.

［97］ 陈钊，陆铭，佐藤宏. 谁进入了高收入行业？——关系、户籍与生产率的作用[J]. 经济研究，2009（10）：121-132.

［98］ 林南. 社会资源和社会流动：一种地位获得的理论[M]. 社会学论文集，云南人民出版社，1989.

［99］ 方鸣，应瑞瑶. 中国城乡居民代际收入流动及分解[J]. 中国人力资源与环境，2010（5）：123-128.

［100］ 方鸣. 代际收入流动性与收入不平等——基于面板数据联立方程模型的分析[J]. 经济研究导刊，2014（29）：14-17.

［101］ 韩黎，李茂发. 农村大学生抑郁与社会支持心理任性的关系[J]. 中国学校卫生，2014，35（3）：385-390.

[102] 何志芳，曾晓青. 农村大学生心理健康状况与人格特点的相关研究[J]. 农业考古，2011（3）：224-226.

[103] 何石军，黄桂田. 中国社会的代际收入流动性趋势：2000—2009[J]. 金融研究，2013（2）：19-32.

[104] 雷晓燕，许文健，赵耀辉. 高攀的婚姻更令人满意吗？婚姻匹配模式及其长远影响[J]. 经济学（季刊），2014，14（1）：31-50.

[105] 李春玲. 当代中国社会的声望分层——职业声望与社会经济地位指数测量[J]. 社会学研究，2005（2）：74-102.

[106] 李宏斌，孟岭生，施新政，吴斌珍. 父母的政治资本如何影响大学生在劳动力市场中的表现——基于中国高校应届毕业生就业调查的经验研究[J]. 经济学（季刊），2012，11（3）：1011-1026.

[107] 李路路，朱斌. 当代中国的代际流动模式及其变迁[J]. 中国社会科学，2015（5）：40-59.

[108] 李力行，周广肃. 家庭借贷约束、公共教育支出与社会流动性[J]. 经济学（季刊），2014，14（1）：66-82.

[109] 李路路，朱斌. 当代中国的代际流动模式及其变迁[J]. 中国社会科学，2015（5）：40-58.

[110] 李任玉，杜在超，何勤英，龚强. 富爸爸、穷爸爸和子代收入差距[J]. 经济学（季刊），2014，14（1）：231-258.

[111] 李实，丁赛. 中国城镇教育收益率的长期变动趋势[J]. 中国社会科学，2003（6）：58-72.

[112] 李实，岳希明. 中国城乡收入差距调查[J]. 财经，2004（4）：30-38.

[113] 李煜. 制度变迁与教育不平等的产生机制——中国城市子女的教育获得（1966—2003）[J]. 中国社会科学，2006（4）：98-110.

[114] 厉以宁. 资本主义的起源：比较经济史研究[M]. 商务印书馆，2003.

[115] 李春玲. 当代中国社会的声望分层——以职业声望与社会经济地位指数测量[J]. 社会学研究，2005（3）：74-103.

[116] 林毅夫，蔡昉，李周. 中国经济转型时期的地区差距分析[J]. 经济研究，1998

（6）：3-10.

[117]　吕炜，杨沫，王岩. 城乡收入差距、城乡教育不平等与政府教育投入[J]. 经济
社会体制比较，2015，179（3）：20-33.

[118]　陆铭，陈钊. 城市化、城市倾向的经济政策与城乡收入差距[J]. 经济研究，
2004（6）：50-58.

[119]　秦雪征. 代际流动性及其传导机制研究进展[J]. 经济学动态，2014（9）：115-
124.

[120]　邢春冰.中国农村非农就业机会的代际流动[J]. 经济研究，2006（9）：103-
116.

[121]　谢钢，张雨. 当代农村大学生心理健康状况及对策研究[J]. 安徽农业科学，
2009，37（32）：30-32.

[122]　谢正勤，钟甫宁. 农村劳动力的流动性与人力资本和社会资源的关系研究——
基于江苏农户调查数据的实证分析[J]. 农业经济问题，2006（8）：28-32.

[123]　徐祥运，刘杰. 社会学概论[M]. 东北财经大学出版社，2011.

[124]　严善平.大城市社会流动的实态与机制——来自天津市居民问卷调查的实证分
析[J]. 中国社会科学，2000（3）：104-115.

[125]　杨娟，赖德胜，邱牧远. 如何通过教育缓解收入不平等？[J]. 经济研究，2015
（9）：86-99.

[126]　杨建华，张秀梅. 浙江社会流动调查报告[J]. 浙江社会科学，2012（7）：
72-80.

[127]　杨瑞龙，王宇锋，刘和旺. 父亲政治身份、政治关系和子女收入[J]. 经济学
（季刊），2010，9（3）：871-890.

[128]　尹恒，李实，邓曲恒. 中国城镇个人收入流动性研究[J]. 经济研究，2006
（10）：30-43.

[129]　阳义南，连玉君. 中国社会代际流动性的动态解析——CGSS与CLDS混合横截
面数据的经验证据[J]. 管理世界，2015（4）：79-91.

[130]　余静文，王春超. 新"拟随机试验"方法的兴起——断点回归及其在经济学中
的应用[J]. 经济学动态，2011（2）：125-131.

[131] 余秀兰. 从被动融入到主动整合：农村籍大学生的城市适应[J]. 高等教育研究, 2010, 31（8）：91-99.

[132] 袁红清, 李荔波. 农村大学生就业质量分析——基于浙江省1514名农村大学毕业生的调查[J]. 农业经济问题, 2013（11）：65-70.

[133] 於嘉, 谢宇. 社会变迁与初婚影响因素的变化[J]. 社会学研究, 2013（4）：1-25.

[134] 孙三百, 黄薇, 洪俊杰. 劳动力自由迁移为何如此重要？——基于代际收入流动的视角[J]. 经济研究, 2012（5）：147-159.

[135] 唐世平. 社会流动、地位市场与经济增长[J]. 中国社会科学, 2006（3）：85-97.

[136] 王美艳. 城市劳动力市场上的就业机会与工资差异——外来劳动力就业与报酬研究[J]. 中国社会科学, 2005（5）：36-46.

[137] 万海远, 李实. 户籍歧视对城乡收入差距的影响[J]. 经济研究, 2013（9）：43:39-55.

[138] 王海光. 当代中国户籍制度的形成与沿革的宏观分析[J]. 中共党史研究, 2003（4）：22-29.

[139] 王海港. 中国居民收入分配的代际流动[J]. 经济科学, 2005（2）：18-25.

[140] 王学龙, 袁易明. 中国社会代际流动性之变迁：趋势与原因[J]. 经济研究, 2015（9）：58-71.

[141] 王智波, 李长洪. 好男人都结婚了吗？——探究我国男性工资结婚溢价的形成机制[J]. 经济学（季刊）, 2016, 15（3）：917-940.

[142] 王学龙, 袁易明. 中国社会代际流动性之变迁：趋势与原因[J]. 经济研究, 2015（9）：58-71.

[143] 汪燕敏, 金静. 中国劳动力市场代际收入流动研究[J]. 经济经纬, 2013（3）：96-100.

[144] 伍安春, 张旭东. 农村大学生学校生活适应的调查研究[J]. 重庆邮电学院学报, 2000, 1（2）：32-35.

[145] 吴晓刚. 中国的户籍制度与代际职业流动[J]. 社会学研究, 2007（11）：38-65.

［146］吴忠民，林聚任.城市居民的社会流动——来自山东省五城市的调查[J]. 中国社会科学，1998（2）：71-81.

［147］张向东，刘慧臣.农村大学生的角色认同与学校适应研究[J]. 安徽农业科学，2011，39（11）：898-900.

［148］章元，王昊. 城市劳动力市场上的户籍歧视与地域歧视：基于人口普查数据的研究[J]. 管理世界，2011（7）：42-51.

［149］张翼.中国人社会地位的获得——阶级继承和代内流动[J]. 社会学研究，2004（4）：76-90.

［150］张旺. 城乡教育一体化：教育公平的时代诉求[J]. 教育研究，2012，391（8）：13-18.

［151］朱志萍.城乡二元结构的制度变迁与城乡一体化[J]. 软科学，2008，22（6）：104-108.

［152］周建民，陈令霞.浅析我国大学生就业政策的历史演变[J]. 辽宁工学院学报（社会科学版），2005（1）：103-106.

［153］周兴，张鹏. 代际间的职业流动与收入流动——来自中国城乡家庭的经验证据[J].经济学季刊，2014，14（1）：351-372.

致　谢

本文书写至此，已经接近尾声，才猛然意识到三年的博士研究生生活已经结束，22 年的学生生涯也将进入尾声，心里不免有些许惆怅，也有几分对未来的期待。我这一生将致力于教书，今天的毕业，只是为下一段学习的开始画上一个句号，只是我将从讲台下走到讲台上，想想确实值得高兴。在中国人民大学学习的三年里，经历了许多也学习了许多，无论如何都离不开众多老师、同学的帮助。

首先，我想对导师张利庠教授致以最崇高的敬意和最诚挚的感谢。他勤奋的精神、广博的学识和积极进取的人生态度无不是我学习的榜样，他因材施教、处处为学生着想，在学习和生活上都给了我诸多指导和无私帮助。恩师在生活上给了我细心的帮助，在论文的写作、发表上给了我中肯的建议，在出国的事宜上给了我最大的支持，在学术和人生规划上给了我指导。师恩难忘，恩师的言传身教我将永远铭记于心。

还要感谢刘晓鸥老师、仇焕广老师、陈卫平老师、庞晓鹏老师、尤婧老师，不管是课堂上还是课下，从他们身上我都学到很多，受益满满。感谢陈卫平老师、郑适老师、于亢亢老师、田晓辉老师在我论文开题时提出的中肯建议和悉心指导，使我的毕业工作得以顺利进行。

我的成长也离不开师门里兄弟姐妹的帮助。刘家贵、刘士星、王博、罗千峰、刘政、王嵩、任乐、王雪擎、张靖耘等同学在学习、生活中都给了我诸多帮助，感谢他们陪我走过三年的人大生活。

感谢孙秀丽同学在我就读博士期间的陪伴。虽然更多时候她一直在闹我、与我吵架，让我烦得不得了，但是是她教会了我如何忍让，是她向我展示了一个学术女应有的风采，她是生活上的孩童，却是学术上的壮汉。与她一起，我才知道了生活的酸甜苦辣，才知道了生命的绚丽，感恩生命，感谢孙秀丽的陪伴。

最后，我格外感谢我的父母，是他们含辛茹苦地将我养大，他们将生活的不易挑在了自己的肩上，把轻松留给了我，给了我读书学习的机会，是他们教给了我为人处世的方式，是他们教给了我待人接物的态度，是他们教给了我什么是爱，我爱他们胜过一切。

在就读博士期间，因为知识欠缺有过些许困惑，因为能力不足有过几分疑虑，但正是这些不足给了我追求的动力，让我找到了自己的职业方向，我希望未来自己可以在学术的道路上继续走下去。

王录安

于人大图书馆 5 层 251 座位

2020 年 6 月 2 日